I0136718

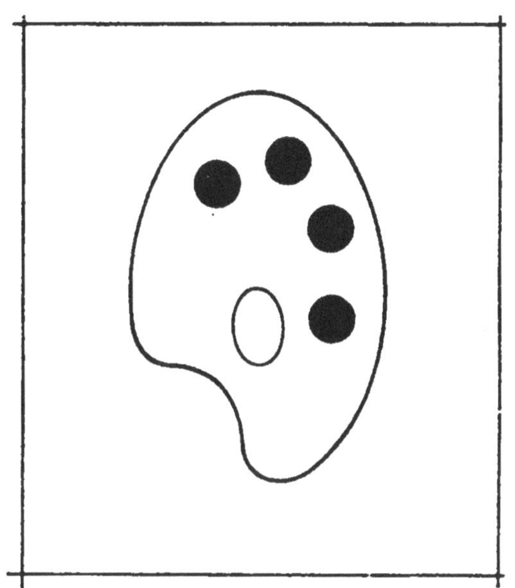

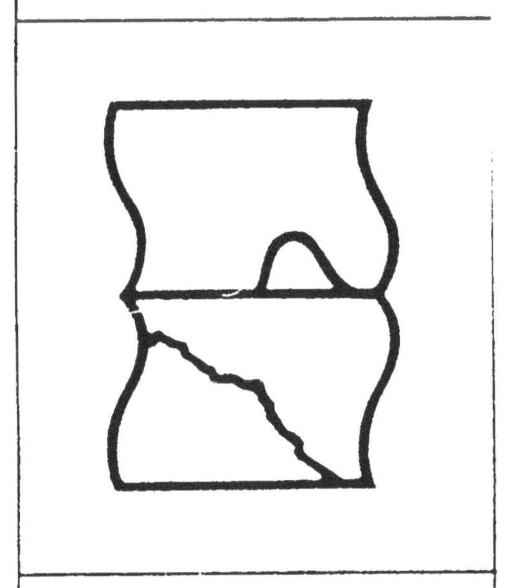

LE THÉATRE-DES-ARTS

RÉPERTOIRE LYRIQUE

3 fr. 50.

ROUEN

Imprimerie Léon DESHAYS

— 1886 —

LE THEATRE-DES-ARTS

—

Répertoire Lyrique

1776-1886

—

LE THÉATRE-DES-ARTS

—

RÉPERTOIRE LYRIQUE

ROUEN

Imprimerie Léon DESHAYS

— 1886 —

L'ANCIEN THÉATRE-DES-ARTS

1776-1876

—

LE THEATRE-DES-ARTS

en 1882

—

L'intérieur de la Salle

—

En 1776
En 1882
Deshays . 1885

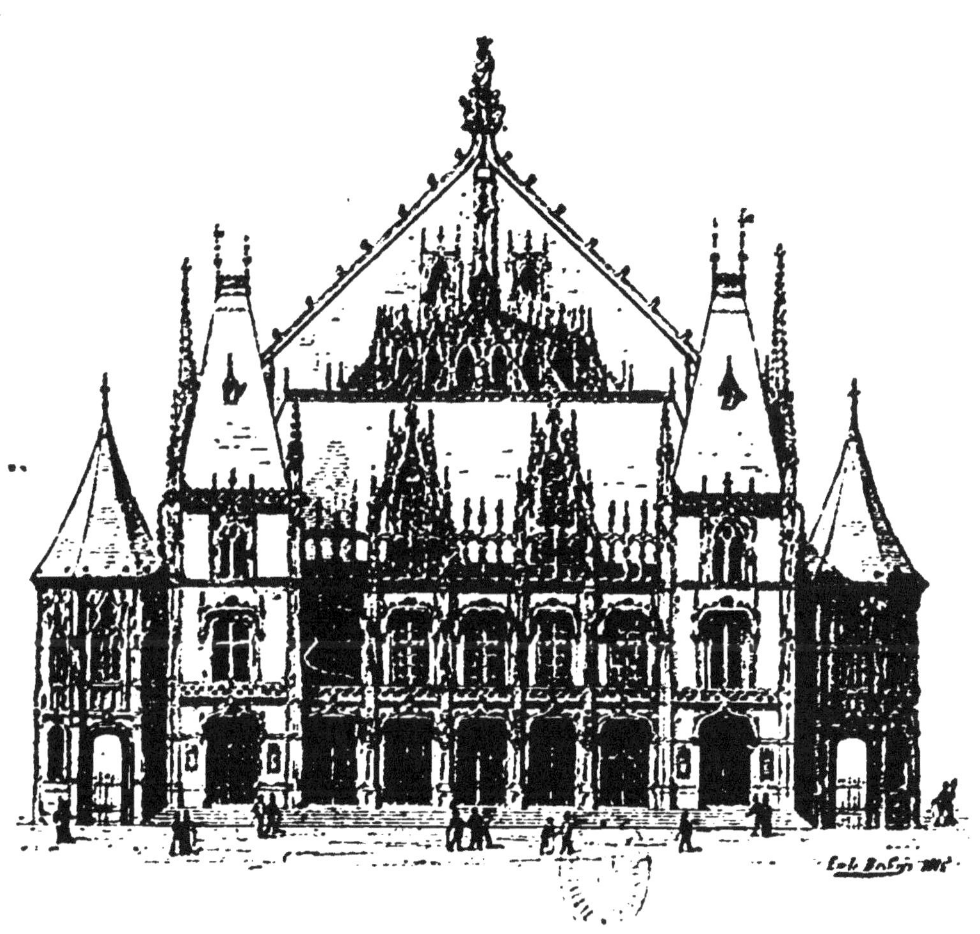

LE THÉATRE-DES-ARTS

En l'an 2000.

HUMBLE PRÉFACE

Demandez !

Voilà ce qui vient de paraître « Le THÉATRE-DES-ARTS » Passé, Présent, à Venir.

Coups de crayon et coups de plume.

Lecteur bénévole qui achetez ce Livre, sous quelque aspect qu'il vous plaise de l'envisager, nous affirmons l'avoir fait sans parti pris..... musical, sans haine aveugle des uns, sans engouement irréfléchi pour les autres. Nous plaçant à un point de vue plus élevé, nous avons regardé les œuvres de plus haut et les hommes de plus loin. Nous n'applaudissons pas plus que nous ne sifflons : nous constatons. Voyez ce que le Théâtre-des-Arts était hier, voyez ce qu'il est aujourd'hui. Ce monde, en apparence si vieux, est aussi jeune qu'à son début.

Heureux nos petits-neveux qui, SE DÉBARBOUILLANT AU CIEL AVEC DE L'AMBROISIE, *contempleront en l'an 2000 les merveilles de l'Avenue Pierre Corneille. Là, revivront avec le Théâtre Gothique, la Jeanne Darc épique et Géricault, — génie oublié, — la plupart des hommes dont nous parlons et qui, par une fatalité singulière, sont morts avant d'avoir pu dire leur dernier mot.*

Les hommes sont parfois injustes et la renommée capricieuse, qui sait cependant si quelque chercheur intrépide ne paiera pas ce bouquin au poids de l'or? et si — toujours en l'an 2000, — nous n'aurons pas une minute de célébrité??

Usons, EN ATTENDANT, — *du droit qu'a tout auteur de vendre son Livre! Deux auteurs à plus forte raison.*

Va donc, sans plus de souci, ton petit bonhomme de chemin à travers les mains blanches ou brunes, sans te scandaliser des bravos et des sifflets.

Bonne chance, gamin, et bon voyage!

P. R. — E. D.

Rouen en l'an 2000

—

L'AVENUE PIERRE CORNEILLE

LE THÉATRE-DES-ARTS

—

LE PALAIS DES FÊTES

—

NOTICE

La succession des Elleviou, des Colin, des Philippe, des Martin, des Chollet est encore vacante. A qui la faute? Nous ne voulons pas approfondir cette question qui sortirait de notre cadre, nous contentant de constater, en passant, que la maladie du Théâtre, maladie bien française, a la vie *singulièrement tenace.*

Une difficulté se présentait quand il s'est agi de la distribution des rôles, grâce à une détestable *habitude de voir toujours les artistes d'autrefois, — à travers la brume des souvenirs.*

Nous ne donnons pas les titres de tous les opéras, ce répertoire n'ayant rien d'officiel, nous contentant seulement de citer ceux qui ont obtenu le plus de succès et ceux qui, nous l'espérons, en obtiendront le plus. La distribution primitive a été serrée de près, subissant cependant les quelques modifications vraiment indis-

pensables à une scène de province, fût-elle comme le Théâtre-des-Arts une scène de premier ordre.

Les artistes n'apprennent plus à dire le poëme, le jeu naturellement s'en ressent ; dans ces conditions, l'opéra-comique, qui a fait la gloire de l'Ecole française, disparaît de jour en jour.

Le défaut d'études ne permet plus de confier à un seul artiste les rôles chantés et joués jadis par Martin, Laïs, Solié, — *entre autres : — il en est de même pour les rôles de* Colin, *de* Trial marqué *et de* Laruette. *Nous ne parlons que pour mémoire de la* mère Dugazon, *à peu près inconnue en province. Cet emploi, qui avait une grande importance, ne figure plus sur les tableaux de troupe ; il devrait actuellement être tenu par la forte chanteuse Stolz.*

Il ferait bon le lui proposer !

L'abandon d'un genre plus regretté qu'on ne veut l'avouer est malheureusement un fait trop bien constaté pour que nous ayions à insister. Et cependant qui sait si une reprise de Ma Tante Aurore, *des* Voitures versées *ou des* Deux Nuits *n'aurait pas pour beaucoup l'attrait et le charme de la nouveauté?*

Les jeunes verront le feu de la rampe, ils doivent le voir... avant l'an 2000, si le cahier des charges. — sans jeu de mots, croyez-le bien, — n'est pas lettre morte, et si la question d'art, dans un théâtre subventionné, ne reste pas subordonnée aux caprices des Directeurs et à l'éternelle question d'argent.

RÉPERTOIRE LYRIQUE

LE CHALET

Opéra-comique en 1 acte

SCRIBE, MÉLESVILLE. — ADOLPHE ADAM.

Max . . . . Basse chantante.
Daniel . . . . Second ténor.
Betly. . . . . Dugazon.

Opéra-Comique, 25 septembre 1834.

Théâtre-des-Arts, 16 janvier 1835.

LA MARQUISE

Opéra-comique en 1 acte

SAINT-GEORGES, DE LEUVEN. — ADAM.

Le duc . . . . Basse chantante.
Clairval . . . . Second ténor.
Paquitta . . . . Dugazon.
La marquise . . . . Seconde dugazon.

Opéra-Comique, 28 février 1835.

Théâtre-des-Arts, 2 janvier 1836.

LE POSTILLON DE LONJUMEAU

Opéra-comique en 3 actes

LEUVEN, BRUNSWICK. — ADAM.

Chapelou.	Ténor léger.
Biju	Seconde basse.
Le marquis de Corcy	Laruette.
Bourdon	Troisième basse.
Madeleine.	Chanteuse légère.
Rose	Dugazon.

Opéra-Comique, 13 Octobre 1836.
Théâtre-des-Arts, 27 mars 1837.

LE BRASSEUR DE PRESTON

Opéra-comique en 3 actes

LEUVEN, BRUNSWICH. — ADAM.

George, Daniel . . .	Ténor léger.
Toby.	Basse chantante.
Olivier Jenkins. . .	Second ténor.
Lord Mulgrave. . .	Seconde basse.
Lovel.	Troisième ténor.
Bob.	Trial ou Laruette.
Effie	Chanteuse légère.

Opéra-Comique, 31 octobre 1838.
Théâtre-des-Arts, 24 juin 1839.

LE TORÉADOR

Opéra-comique en 2 actes

SAUVAGE. — ADAM.

Don Belflor.	Basse chantante.
Tracolin	Second ténor.
Coraline	Chanteuse légère.

Opéra-Comique, 18 mai 1849.
Théâtre-des-Arts, 26 Août 1850.

GIRALDA

Opéra-comique en 3 actes

SCRIBE. — ADAM.

Don Manoël.	Ténor léger.
Prince d'Aragon . .	Baryton d'op.-com. ou basse chant.
Ginès-Pérez.	Trial.
Don Japhet.	Seconde basse.
Don Luis.	Troisième ténor.
Giralda.	Chanteuse légère.
La reine	Dugazon.

Opéra-Comique, 20 juillet 1850.
Théâtre-des-Arts, 31 octobre 1850.

LA POUPÉE DE NUREMBERG

Opéra-comique en 1 acte
LEUVEN, BEAUPLAN. — ADAM.

Cornélius . . . . . . Seconde basse.
Donathan. . . . . . Second ténor léger.
Miller . . . . Baryton d'opéra-comique.
Bertha . . . . Dugazon.

Opéra National, (1) *février 1852.*
Théâtre-des-Arts, 23 avril 1875.

LE FARFADET

Opéra-comique en 1 acte
PLANARD. — ADAM.

Marcelin . . . . . . Baryton d'opéra-comique.
Le bailli . . . . . . Laruette ou seconde basse.
Bastien. . . . . Second ténor ou trial.
Babet. . . . . Dugazon.
Laurette . . . . . . Seconde dugazon.

Opéra-Comique, 19 mars 1852.
Théâtre-des-Arts, 18 mars 1854.

(1) L'Opéra-National ou troisième Théâtre-Lyrique avait succédé au Théâtre-Historique créé par Hostein et Alexandre Dumas.

Adolphe Adam obtint le privilège et sacrifia toute sa modeste fortune pour offrir aux compositeurs inconnus le moyen de mettre leurs œuvres en lumière.

L'Opéra-National ouvrit ses portes à la fin de 1847. Sa destinée ne fut pas heureuse, et malgré les efforts inouis faits par son Directeur, ce dernier ne put éviter la faillite.

Ce même théâtre, démoli boulevard du Temple, fut reconstruit place du Châtelet. Il a eu son heure de prospérité sous la direction de M. Carvalho.

SI J'ÉTAIS ROI !

Opéra-comique en 3 actes et 4 tableaux

DENNERY, BRÉSIL. — ADAM.

Mossoul. . . . . Baryton d'opéra-comique.
Zéphoris . . . . Ténor léger.
Kadoor. . . . . Basse chantante.
Piféar . . . . Second ténor.
Zizel . . . . Laruette.
Néméa . . . . Chanteuse légère.
Zélide. . . . . Dugazon.

Théâtre-Lyrique, 4 septembre 1852.

Théâtre-des-Arts, décembre 1855.

LE SOURD OU L'AUBERGE PLEINE

Opéra-comique en 3 actes

DE LEUVEN, LANGLÉ. — ADAM

Le chevalier d'Orbe. Second ténor.
Doliban. . . . . Laruette.
Danières . . . . Trial.
Joséphine. . . . . . . Chanteuse légère
Pétronille. . . . . . . Dugazon. . .
Isidore . . . . Seconde dugazon.
Mme Legras. . . . . . Duègne.

Opéra-Comique, 2 février 1853.

Théâtre-des-Arts, 21 janvier 1858.

LE BIJOU PERDU

Opéra-comique en 3 actes

DE LEUVEN, DE FORGES. — ADAM.

D'Angennes. . . . . Ténor léger.
Pacôme. . . . . Baryton d'opéra-comique.
Bellepointe . . . . . Basse chantante.
Le chevalier . . . . Trial.
Coquillière . . . . . Laruette.
Toinon . . . . Chanteuse légère.
Marotte. . . . . . . Dugazon.

Théâtre-Lyrique, 6 octobre 1853.
Théâtre-des-Arts, 17 octobre 1854.

LES PANTINS DE VIOLETTE

Opéra-bouffe en 1 acte

BATTU. — ADAM.

Alcofribas . . . . . Trial.
Violette . . . . . . Dugazon.
Pierrot. . . . . . . Seconde dugazon.
Un polichinelle . . . Danseur comique.

Bouffes-Parisiens, 29 avril 1856.
Théâtre-des-Arts, 12 novembre 1858.

LE SÉJOUR MILITAIRE

Opéra-comique en 1 acte

POUILLY, DUPATY. — AUBER.

Théâtre-Feydeau, 27 février 1813.

Théâtre-des-Arts, février 1814.

LA NEIGE

Opéra-comique en 4 actes

SCRIBE, G. DELAVIGNE. — AUBER.

Théâtre-Feydeau, 8 octobre 1823.

Théâtre-des-Arts, mars 1824.

LE CONCERT A LA COUR

Opéra-comique en 1 acte

SCRIBE, MELESVILLE — AUBER.

Opéra-Comique. 3 juin 1824.

Théâtre-des-Arts, 1er octobre 1824.

LE MAÇON

Opéra-comique en 3 actes
SCRIBE, G. DELAVIGNE. — AUBER.

Roger	Ténor léger.
De Mérinville	Second ténor.
Baptiste	Laruette.
Usbeck	Seconde basse.
Ricca	Chanteuse légère.
Henriette	Dugazon.
Mme Bertrand	Duègne.
Irma	Seconde dugazon.
Zobéïde	Troisième dugazon.

Opéra-Comique, 3 mai 1825.
Théâtre-des-Arts, 13 décembre 1825.

LA MUETTE DE PORTICI

Grand-opéra en 5 actes
SCRIBE, DELAVIGNE. — AUBER.

Masaniello	Fort ténor.
Piétro	Baryton de grand-opéra.
Alphonse	Second ténor.
Borella	Laruette.
Lorenzo	Troisième ténor.
Selva	Seconde basse.
Elvire	Chanteuse légère.
Fenella	Danseuse noble.

Opéra, 29 février 1828.
Théâtre-des-Arts, 28 février 1829.

LA FIANCÉE

Opéra-comique en 3 actes

SCRIBE. — AUBER.

Fritz. . . . . Ténor léger.
Frédéric . . . . . . Second ténor.
Saldorf. . . . . Baryton d'opéra-comique.
Henriette. . . . . . Chanteuse légère.
Charlotte. . . . . . Dugazon.
Mina. . . . . Duègne.

Opéra-Comique, 10 janvier 1829.

Théâtre-des-Arts, 12 août 1829.

FRA-DIAVOLO

Opéra-comique en 3 actes

SCRIBE. — AUBER.

Fra-Diavolo. . . . . . Ténor léger.
Lorenzo . . . . . . Second ténor.
Lord Kokbourg. . . . Trial ou laruette.
Mathéo. . . . . Seconde basse.
Giacomo . . . . . . Troisième basse.
Beppo . . . . Troisième ténor.
Zerline. . . . . Chanteuse légère.
Paméla. . . . . Dugazon.

Opéra-Comique, 28 janvier 1830.

Théâtre-des-Arts, 6 novembre 1830.

LE DIEU ET LA BAYADÈRE

Opéra-ballet en 2 actes

SCRIBE. — AUBER.

L'inconnu.	Fort ténor.
Le Tchop-dar. . . .	Ténor léger.
Olifour.	Basse chantante.
Le chef des gardes .	Troisième basse.
Ninka	Chanteuse légère.
Zilia	Première ou seconde dugazon.
Zoloé.	Danseuse noble.
Fatmé	Première danseuse, dem.-caract.

Opéra, 13 octobre 1830.

Théâtre-des-Arts, avril 1834.

LE PHILTRE

Opéra en 2 actes

SCRIBE. — AUBER.

Guillaume	Fort ténor ou ténor léger.
Fontanarose	Basse noble ou basse chantante.
Jolicœur	Baryton d'opéra-comique.
Térézine	Chanteuse légère.
Jeannette.	Dugazon.

Opéra, 20 juin 1831.

Théâtre-des-Arts, janvier 1832.

LE SERMENT

Opéra en 3 actes

SCRIBE, MAZÈRES. — AUBER.

Edmond . . . . . . Ténor léger.
Le capitaine Jean. . Basse noble.
Marie. . . . . Chanteuse légère.

Opéra, 1er octobre 1832.
Théâtre-des-Arts, avril 1835.

GUSTAVE III

OU LE BAL MASQUÉ

Opéra en 5 actes

SCRIBE — AUBER.

Gustave . . . . . . Fort ténor.
Ankastrom . . . . . Basse noble.
Ribbing. . . . . . . Ténor léger.
Dehorn. . . . . . Baryton de grand-opéra.
Armfelt. . . . . . . Second ténor.
Christian. . . . . . Troisième ténor.
Kaulbart. . . . . . Seconde basse.
Un chambellan . . . Troisième basse.
Amélie. . . . . . . Forte chanteuse (Falcon).
Oscar. . . . . Chanteuse légère.
Arvedson. . . . . . Dugazon.

Opéra, 27 février 1833
Théâtre-des-Arts, 25 janvier 1834.

LESTOCQ

Opéra-comique en 4 actes

SCRIBE. — AUBER.

Lestocq	**Ténor léger.**
Strolof	**Second ténor.**
Dimitri	**Troisième ténor.**
Golofkin	**Basse chantante.**
Samojef	**Seconde basse.**
Elisabeth	**Chanteuse légère.**
Catherine	**Dugazon.**
Eudoxie	**Seconde dugazon.**

Opéra-Comique, 24 mai 1834.
Théâtre-des-Arts, septembre 1834.

LE CHEVAL DE BRONZE

Opéra-comique en 3 actes

SCRIBE. — AUBER.

Le prince Yang . . .	**Ténor léger.**
Tsing-Sing	**Second ténor.**
Yanko	**Troisième ténor.**
Schin-Kao	**Basse chantante.**
Stella	**Chanteuse légère.**
Tao-Jin	**Chanteuse légère.**
Peki	**Dugazon.**
Lo-Mangli	**Seconde dugazon.**

Opéra-Comique, 23 mars 1835.
Opéra, 21 septembre 1857.
Théâtre-des-Arts, 16 novembre 1835.

ACTEON

Opéra-comique en 1 acte

SCRIBE. — AUBER.

Leoni.	Ténor léger.
Aldobrandi.	Basse chantante.
Lucrezia	Chanteuse légère.
Angela.	Dugazon.
Stephano	Seconde dugazon.

Opéra-Comique, 23 janvier 1836.

Théâtre-des-Arts, 9 juillet 1837.

L'AMBASSADRICE

Opéra-comique en 3 actes

SCRIBE. — AUBER.

Bénédict	Ténor léger.
Le duc	Second ténor.
Fortunatus	Basse chantante.
Henriette.	Chanteuse légère.
Charlotte.	Dugazon.
La comtesse	Seconde dugazon.
Mme Barneck	Duègne.

Opéra-Comique, 21 décembre 1836.

Théâtre-des-Arts, 10 juin 1837.

LE DOMINO NOIR

Opéra-comique en 3 actes

SCRIBE. — AUBER.

Horace . . . . Ténor léger.
Juliano. . . . . Second ténor.
Lord Elfort. . . . . Trial.
Gil-Perez. . . . . . . Seconde basse.
Angèle. . . . . Chanteuse légère.
Brigitte. . . . . . . Première ou seconde dugazon.
Jacinthe . . . . Duègne.
Ursule . . . . Troisième dugazon.
La tourière. . . . . Coryphée.

Opéra-Comique, 2 décembre 1837.
Théâtre-des-Arts, 30 mars 1838.

LES DIAMANTS DE LA COURONNE

Opéra-comique en 3 actes

SCRIBE, SAINT-GEORGES. — AUBER.

Don Henrique. . . . Ténor léger.
Don Sébastien. . . . Second ténor.
Campo-Mayor. . . . Trial.
Rebolledo. . . . . . Basse chantante.
Barbarigo . . . . . Seconde basse.
Mugnoz. . . . . Troisième basse.
Un huissier. . . . . Troisième ténor.
Catarina . . . . Chanteuse légère.
Diana . . . . Dugazon.

Opéra-Comique, 6 mars 1841.
Théâtre-des-Arts, 5 janvier 1843.

LA PART DU DIABLE

Opéra-comique en 3 actes

SCRIBE. — AUBER.

Rafaël	Ténor léger.
Le roi	Basse chantante.
Gil-Vargas	Seconde basse.
Fra-Antonio	Troisième basse.
Carlo.	Chanteuse légère.
Casilda.	Chanteuse légère.
La reine	Duègne.

Opéra-Comique, 16 janvier 1843.

Théâtre-des-Arts, 4 janvier 1844.

LA SIRÈNE

Opéra-comique en 3 actes

SCRIBE. — AUBER.

Scopetto	Ténor léger.
Scipion	Second ténor.
Bolbaya.	Basse chantante.
Le duc	Seconde basse.
Pecchione	Baryton d'opéra-comique.
Zerlina.	Chanteuse légère.
Mathéa.	Dugazon.

Opéra-Comique, 26 mars 1844.

Théâtre-des-Arts, 14 avril 1845.

HAYDÉE

Opéra-comique en 3 actes

SCRIBE. — AUBER.

Lorédan.	**Ténor léger.**
Malipieri	**Basse chantante.**
Andréa-Donato . . .	**Second ténor.**
Domenico.	**Laruette.**
Haydée.	**Chanteuse légère.**
Raphaëla	**Dugazon.**

Opéra-Comique, 28 décembre 1847.

Théâtre-des-Arts, 31 mars 1849.

MARCO SPADA

Opéra-comique en 3 actes

SCRIBE — AUBER.

Federici	**Ténor léger.**
Pepinelli	**Trial ou second ténor.**
Fra-Borromeo. . . .	**Baryton d'opéra-comique.**
Le baron.	**Basse chantante.**
Le gouverneur . . .	**Seconde basse.**
Geronio.	**Troisième basse.**
Angela.	**Chanteuse légère.**
La Marchesa	**Dugazon.**

Opéra-Comique, 21 décembre 1852.

Théâtre-des-Arts, 17 décembre 1858.

LA CIRCASSIENNE

Opéra-comique en 3 actes

SCRIBE. — AUBER.

Alexis Zouboff . . . Ténor léger.
Lanskoï . . . . . . Trial ou second ténor.
Orsakoff . . . . . . Basse chantante.
Soltikoff . . . . . . Seconde basse.
Pérod. . . . . Troisième basse.
Aboul-Kazim . . . . Seconde basse.
Yrak. . . . . Troisième basse.
Boudour . . . . . . Troisième ténor.
Olga . . . . Chanteuse légère.
Zoloé. . . . . Seconde dugazon.
Neïla. . . . . Troisième dugazon.

Opéra-Comique, 2 février 1861.

LE PREMIER JOUR DE BONHEUR

Opéra-comique en 3 actes

D'ENNERY, CORMON. — AUBER.

Gaston de Maillepré. Ténor léger.
De Mailly. . . . . . Baryton d'opéra-comique.
Sir John . . . . . . Trial.
Bergerac . . . . . . Seconde basse.
Le Gouverneur . . . Troisième basse.
Hélène . . . . Chanteuse légère.
Djelma . . . . Dugazon.

Opéra-Comique, 15 février 1868.
Théâtre-des-Arts, 29 janvier 1869.

LE TONNELIER

Opéra-comique en 1 acte

AUDINOT. — AUDINOT.

Opéra-Comique, 28 septembre 1761.

Théâtre de la rue des Charrettes, 3 mars 1768.

LA BOHÉMIENNE

Opéra en 3 actes

SAINT-GEORGES. — BALFE.

Stenio . . . . Ténor léger.

Comte d'Arnheim . . Basse chantante.

La Reine Mabb. . . Forte chanteuse (Stoltz).

Sarah . . . . Chanteuse légère.

Théâtre de Drury-Lane à Londres, 8 novembre 1844.

Théâtre-des-Arts, 23 avril 1862.

MAITRE PATHELIN

Opéra-comique en 1 acte

LEUVEN, LANGLÉ. — BAZIN.

Pathelin . . . . Baryton d'opéra-comique.
Charlot. . . . . Second ténor.
Aignelet . . . . Trial.
Josseaume . . . . . . Seconde basse.
Le Bailli. . . . . . . Laruette.
Bobinette. . . . . . . Dugazon.
Angélique . . . . . Seconde dugazon.
Guillemette. . . . . Duègne.

Opéra-Comique, 12 décembre 1856.

Théâtre-des-Arts, 12 novembre 1858.

LES DÉSESPÉRÉS

Opéra-comique en 1 acte

LEUVEN, MOINEAUX. — BAZIN.

Lord Flamborough . Trial.
Fabrice. . . . . Second ténor.
Stéphanette. . . . . Dugazon.

Opéra-Comique, 26 Janvier 1858.

Théâtre-des-Arts, 3 mars 1859.

LE VOYAGE EN CHINE

Opéra-comique en 3 actes

LABICHE, DELACOUR. — BAZIN.

Pompéry	Baryton d'opéra-comique.
Henri de Kernoisan .	Ténor léger.
Alidor	Trial.
Maurice Préval . . .	Second ténor.
Bonneteau	Laruette.
Martial.	Seconde basse.
Marie.	Chanteuse légère.
Berthe	Dugazon.
Mme Pompéry	Duègne.

Opéra-Comique, 9 décembre 1865.
Théâtre-des-Arts, 24 octobre 1867.

NORMA

Opéra en 2 actes

ETIENNE MONNIER. — BELLINI

Pollion	Fort ténor.
Orovèse.	Basse noble.
Flavius.	Second ténor.
Norma	Forte chanteuse (Falcon).
Adalgise	Chanteuse légère.
Clothide	Première ou seconde dugazon.

Milan, 1822.
Théâtre-Italien, 8 décembre 1835.
Théâtre-des-Arts, 17 novembre 1839.

LA SOMNAMBULE

Opéra en 2 actes

ROMANI. — BELLINI.

Elvin. . . . . Ténor léger.
Rodolpho. . . . . . Basse chantante.
Alexis . . . . Seconde basse.
Aline. . . . . Chanteuse légère.
Lise . . . . Dugazon.
Thérèse. . . . . . . Duègne.

Théâtre-Carcano à Milan, 6 mars 1831.

Théâtre-Italien, 28 octobre 1831.

Théâtre-des-Arts, 12 mars 1837.

LES PURITAINS

Opéra en 2 actes

PEPOLI. — BELLINI.

Arthur. . . . . . . Ténor léger.
Richard. . . . . . . Baryton de grand-opéra.
Georges . . . . . . Basse noble.
Gaultier . . . . . . Second ténor.
Elvire . . . . Forte chanteuse (Falcon).

Théâtre-Italien, 25 janvier 1835.

Théâtre-des-Arts, 27 octobre 1840.

MONTANO ET STÉPHANIE

Opéra en 3 actes

DEJAURE. — BERTON.

Opéra-Comique, 15 avril 1799.
Théâtre-des-Arts, 24 juillet 1801.

ALINE

REINE DE GOLCONDE

Opéra-comique en 3 actes

VIAL, FAVIÈRES. — BERTON

Théâtre-Feydeau, 2 septembre 1803.
Théâtre-des-Arts, 12 février 1804.

LES MARIS GARÇONS

Opéra-comique en 1 acte

GAUGIRAN-NANTEUIL. — BERTON

Théâtre-Feydeau, 15 juillet 1808.
Théâtre-des-Arts, 7 octobre 1806.

CARMEN

Opéra-comique en 4 actes.

MEILHAC, HALÉVY. — BIZET.

Don José	Ténor léger.
Escamillo	Baryton ou basse chantante.
Le Remendado . . .	Second ténor.
Zuniga	Seconde basse.
Moralès	Troisième ténor.
Le Duncaïre	Trial.
Carmen	Dugazon (Galli-Marié).
Michaëla	Chanteuse légère.
Frasquita	Première ou seconde dugazon.
Mercédès	Duègne.

Opéra-Comique, 3 mars 1875.

Théâtre-Lafayette, 8 janvier 1880.

Théâtre-des-Arts, 21 février 1883.

LA LETTRE DE CHANGE

Opéra-comique en 1 acte

PLANARD. — BOCHSA.

Théâtre-Feydeau, 11 décembre 1815.

Théâtre-des-Arts, 9 mars 1816.

LA FILLE COUPABLE

Opéra-comique en 2 actes

BOIELDIEU Père. — Adrien BOIELDIEU.

Théâtre-des-Arts, 2 novembre 1793.

ROSALIE & MIRZA

Opéra-comique en 3 actes

BOIELDIEU Père. — BOIELDIEU.

Théâtre-des-Arts, 28 octobre 1795.

LA FAMILLE SUISSE

Opéra-comique en 1 acte

SAINT-JUST. — BOIELDIEU.

Théâtre-Feydeau, 12 février 1797.
Théâtre-des-Arts, janvier 1798.

L'HEUREUSE NOUVELLE

Opéra-comique en 1 acte

SAINT-JUST, DE LONGCHAMP. — BOIELDIEU.

Théâtre-Feydeau, 8 novembre 1797.

LE PARI
OU MOMBREUIL & MERVILLE

Opéra-comique en 1 acte

SAINT-JUST, DE LONGCHAMP. — BOIELDIEU.

Théâtre-Favart, 15 décembre 1797.

ZORAÏME & ZULNARE

Opéra-comique en 3 actes

SAINT-JUST, DE LONGCHAMP. — BOIELDIEU.

Théâtre-Favart, 11 mai 1798.

Théâtre-des-Arts, 21 octobre 1800.

LA DOT DE SUZETTE

Opéra-comique en 1 acte

FIÉVÉE. — BOIELDIEU.

Théâtre-Feydeau, 6 septembre 1798.

Théâtre-des-Arts, 5 mai 1799.

LES MÉPRISES ESPAGNOLES

Opéra-comique en 1 acte

SAINT-JUST. — BOIELDIEU.

Théâtre - Feydeau, 19 avril 1799.

EMMA OU LA PRISONNIÈRE

Opéra-comique en 1 acte

JOUY, SAINT-JUST. — BOIELDIEU, CHÉRUBINI. DE LONGCHAMP.

Théâtre-Montansier, 12 septembre 1799.
Théâtre-des-Arts, 17 novembre 1814.

BENIOWSKI

Opéra-comique en 3 actes

DUVAL. — BOIELDIEU.

Beniowski	**Baryton d'opéra-comique.**
Stephanow	**Ténor léger.**
Panow.	**Second ténor.**
Gelin.	**Basse chantante.**
Le Gouverneur . . .	**Seconde basse.**
L'Hetman.	**Troisième basse.**
Le Chancelier . . .	**Troisième ténor.**
Aphanasie	**Chanteuse légère.**

Théâtre-Favart, 8 juin 1800.
Théâtre-des-Arts, 20 mars 1802.

LE CALIFE DE BAGDAD

Opéra-comique en 1 acte

SAINT-JUST. — BOIELDIEU.

Isaun, cal. de Bagdad	Ténor léger.
Yemaldin.	Seconde basse.
Le Cadi	Laruette.
Lemaïde	Dugazon.
Zétulbé.	Chanteuse légère.
Késie.	Seconde dugazon.

Théâtre-Favart, 16 septembre 1800.

Théâtre-des-Arts, 24 novembre 1800.

MA TANTE AURORE

Opéra-comique en 2 actes

DE LONGCHAMP. — BOIELDIEU.

Valsain.	Ténor léger.
Frontin.	Baryton d'opéra-comique.
Georges	Basse chantante.
Julie.	Chanteuse légère.
Marton.	Dugazon.
Aurore.	Mère dugazon ou duègne.

Théâtre-Feydeau, 13 janvier 1803.

Théâtre-des-Arts, 14 avril 1803.

LE BAISER ET LA QUITTANCE

Opéra-comique en 3 actes

PICARD, DIEULAFOI, DE LONGCHAMP. — BOIELDIEU, MEHUL, KREUTZER, NICOLO.

Théâtre-Feydeau, 18 juin 1803.
Théâtre-des-Arts, 19 novembre 1807.

ALINE
REINE DE GOLCONDE

Opéra-comique en 3 actes

VIAL, FAVIÈRES. — BOIELDIEU.

Théâtre de Saint-Pétersbourg, 5 mars 1804.

LA JEUNE FEMME COLÈRE

Opéra-comique en 1 acte

ETIENNE. — BOIELDIEU.

Le mari . . . . . . Second ténor.
Le beau-frère . . . . Baryton d'opéra-comique.
Germain . . . . . Seconde basse ou laruette.
Rose . . . . Chanteuse légère.
Thérèse . . . . Duègne.

Théâtre de l'Ermitage, à Saint-Pétersbourg, 18 avril 1805.
Théâtre-des-Arts, 3 janvier 1811.
Théâtre-Feydeau, 12 octobre 1812.

AMOUR ET MYSTÈRE

Opéra-vaudeville en 1 acte

PAIN, BOUIN. — BOIELDIEU.

Théâtre de Saint-Pétersbourg, 1806.

Théâtre-des-Arts, 17 novembre 1808.

ABDERKHAN

Opéra-comique en 3 actes

ANDRIEUX. — BOIELDIEU.

Théâtre de Saint-Pétersbourg, 13 mai 1806.

TÉLÉMAQUE

Opéra-comique en 3 actes

DEROY. — BOIELDIEU.

Théâtre de Saint-Pétersbourg, 16 décembre 1806.

Théâtre-des-Arts, 17 octobre 1808 (le ballet seulement).

LES VOITURES VERSÉES

Opéra-comique en 2 actes

DUPATY. — BOIELDIEU.

Dormeuil . . . . . . Baryton d'opéra-comique.
Armand . . . . . . Ténor léger.
Florville . . . . . . Trial.
Le Rond . . . . . . Seconde basse.
Nicolas. . . . . . . Troisième ténor.
Mme de Melval . . . Chanteuse légère.
Elise. . . . . Chanteuse légère.
Agathe. . . . . . . Dugazon.
Eugénie . . . . . . Seconde dugazon.
Aurore. . . . . . . Mère dugazon ou duègne.

Théâtre de Saint-Pétersbourg, 1808.

Théâtre-Feydeau, 29 avril 1820.

Théâtre-des-Arts, 12 septembre 1820.

LA DAME INVISIBLE

Opéra-comique en 1 acte

DAUDET. — BOIELDIEU.

Théâtre de Saint-Pétersbourg, 11 octobre 1808.

UN TOUR DE SOUBRETTE

Opéra-comique en 1 acte

PAIN. — BOIELDIEU.

Théâtre de Saint-Pétersbourg, 22 février 1[illegible].

RIEN DE TROP

Opéra-comique en 1 acte

PAIN. — BOIELDIEU.

Théâtre de Saint-Pétersbourg, 25 décembre 1810.

Théâtre-des-Arts, 30 septembre 1811.

JEAN DE PARIS

Opéra-comique en 2 actes

SAINT-JUST. — BOIELDIEU.

Jean de Paris. . . .	**Baryton ou ténor léger.**
Olivier	**Second ténor.**
Pedrigo.	**Baryton d'opéra-comique.**
Le grand Sénéchal .	**Laruette ou seconde basse.**
La princ. de Navarre	**Chanteuse légère.**
Lorezza	**Dugazon.**

Théâtre-Feydeau, 4 avril 1812.

Théâtre-des-Arts, 1er juillet 1812.

LE NOUVEAU SEIGNEUR DE VILLAGE

Opéra-comique en 1 acte

CREUSÉ DE LESSER, FAVIÈRES. — BOIELDIEU.

Frontin. . . . . Baryton d'opéra-comique.
Le marq. de Formann Basse chantante.
Colin. . . . . Second ténor.
Le Bailli . . . . . . Laruette.
Blaise . . . . Trial.
Babet . . . . Chanteuse légère.

Théâtre-Feydeau, 29 juin 1813.

Théâtre-des-Arts, 27 août 1813.

BAYARD A MÉZIÈRES

Opéra-comique en 1 acte

DUPATY, CHAZET. — BOIELDIEU, CHÉRUBINI, CATEL, NICOLO.

Opéra-Comique, 12 février 1814.

LES BÉARNAIS

Opéra-comique en 1 acte

SEWRIN. — BOIELDIEU, KREUTZER.

Théâtre-Feydeau, 21 mai 1814.

ANGÉLA

Opéra-comique en 1 acte

D'ÉPINAY. — BOIELDIEU, SOPHIE GAIL.

Théâtre-Feydeau, 13 juin 1814.

LA FÊTE DU VILLAGE VOISIN

Opéra-comique en 3 actes

SEWRIN. — BOIELDIEU.

Le baron de Fonviel.	Baryton d'opéra-comique.
Monsr de Renneville.	Ténor léger.
Henri	Seconde basse.
Remi.	Troisième basse.
Madame de Ligneul.	Chanteuse légère.
Rose	Dugazon.
Geneviève	Seconde dugazon ou duègne.

Théâtre-Feydeau, 5 mars 1816.

Théâtre-des-Arts, 11 novembre 1816.

CHARLES DE FRANCE

Opéra-comique en 2 actes

THÉAULON, DARTOIS. — BOIELDIEU, HÉROLD. DE RANCÉ.

Théâtre-Feydeau, 18 juin 1816.

Théâtre-des-Arts, 24 août 1816.

LE PETIT CHAPERON ROUGE

Opéra-féerie en 3 actes

THÉAULON. — BOIELDIEU.

Le baron Rodolphe .	Baryton d'opéra-c. ou ténor léger
Le comte Roger . .	Second ténor.
L'Ermite	Seconde basse.
Job.	Trial.
Edmond	Troisième basse.
Rose d'Amour . . .	Chanteuse légère.
Nanette.	Dugazon.
Berthe	Seconde dugazon.

Théâtre-Feydeau, 30 juin 1818.

Théâtre-des-Arts, 13 février 1819.

BLANCHE DE PROVENCE

Opéra en 3 actes.

THÉAULON, DE RANCÉ. — BOIELDIEU, BERTON,
CHÉRUBINI, PAER,
KREUTZER.

Théâtre-Favart, 3 mai 1821.

LES TROIS GENRES

Pièce en 3 actes.

SCRIBE, PICHALD, DUPATY. — BOIELDIEU, AUBER.

Odéon, 27 avril 1824.

PHARAMOND

Opéra en 3 actes

ANCELOT, GUIRAUD, SOUMET. — BOIELDIEU, BERTON KREUTZER.

Opéra, 10 juin 1825.

LA DAME BLANCHE

Opéra-comique en 3 actes

SCRIBE. — BOIELDIEU

Georges Brown. . .	**Ténor léger.**
Gaveston.	**Basse chantante.**
Dickson.	**Trial.**
Mac-Irton.	**Seconde basse.**
Miss Anna	**Chanteuse légère.**
Jenny.	**Dugazon.**
Marguerite.	**Duègne.**

Opéra-comique, 10 décembre 1825.
Théâtre-des-Arts, samedi 25 février 1826.

LES DEUX NUITS

Opéra-comique en 3 actes

BOUILLY, SCRIBE. — BOIELDIEU.

Lord Fingar	Baryton d'op.-com. ou ténor léger
Sir Edouard Acton .	Ténor léger.
Victor	Second ténor.
Carill.	Trial.
Strounn	Basse chantante.
Jackmann	Seconde basse.
Malvina de Morven.	Chanteuse légère.
Betty.	Dugazon.

Théâtre-Feydeau, 20 mai 1829.
Théâtre-des-Arts, 15 octobre 1829.

LA MARQUISE DE BRINVILLIERS

Opéra-comique en 3 actes

SCRIBE, CASTIL BLAZE. — BOIELDIEU, AUBER, BATTON, BERTON, BLANGINI, CARAFA, CHÉRUBINI, HÉROLD, PAER.

De Saint-Bris. . . .	Ténor léger.
Galifar.	Basse chantante.
Le fermier général .	Baryton d'opéra-comique.
Marq. de Brinvilliers	Dugazon (Galli-Marié).
Hortense	Chanteuse légère.

Opéra-Comique, 31 octobre 1831.

L'AÏEULE

Opéra-comique en 1 acte

SAINT-GEORGES. — BOIELDIEU Fils.

Opéra-Comique, 17 août 1841.

LA HALTE DU ROI

Opéra-comique en 2 actes.

NUITTER. — BOIELDIEU Fils.

Théâtre-des-Arts, 15 juin 1875 (Centenaire de Boieldieu).

LE CHEVALIER DE CARDENAC

Opéra-comique en 1 acte.

BRION D'ORGEVAL.

Théâtre-des-Arts, mars 1875.

LE VALET DE CHAMBRE

Opéra-comique en 1 acte.

SCRIBE, MÉLESVILLE. — CARAFA.

Opéra-Comique, 16 septembre 1823.
Théâtre-des-Arts, 9 août 1833.

MASANIELLO

Opéra en 4 actes.

MOREAU, LA FORTELLE. — CARAFA.

Masaniello . . . . . Fort ténor ou ténor léger.
Ruffino. . . . . Basse noble.
Le gouverneur . . . Second ténor.
Le comte . . . . Baryton d'opéra-comique.
Matteo . . . . Trial.
Jacomo. . . . . Laruette.
Calatravio . . . . . Troisième basse.
Le marquis. . . . . Second amoureux (rôle parlé).
Leona . . . . Chanteuse légère.
Theresia . . . . . . Seconde dugazon.
La duchesse. . . . . Troisième dugazon.

Opéra-Comique, 27 décembre 1827.

Théâtre-des-Arts, 16 juillet 1828.

LE SERGENT D'OUISTREHAM

Opéra-comique en 1 acte

TH. LEBRETON, RICHARD. — CAMILLE CARON.

Michel . . . . Ténor léger.
Simon. . . . . Baryton d'opéra-comique.
Firmin . . . . Trial.
Jeanne . . . . Dugazon.

Théâtre-des-Arts, 18 mars 1863.

LODOÏSKA

Opéra en 3 actes.

FILLETTE-LOREAUX. — CHÉRUBINI.

Floreski . . . . . . Ténor léger.
Titzikan . . . . . . Second ténor.
Varbel . . . . Baryton d'opéra-comique.
Dourlinski . . . . . Basse chantante.
Altamor . . . . . . Seconde basse.
Lodoïska . . . . . . Chanteuse légère.
Lysinska . . . . . . Dugazon.

Théâtre-Feydeau, 18 juillet 1791.

LE MARIAGE SECRET

Opéra-bouffe en 2 actes.

BERTATTI. — CIMAROSA.

Paolino . . . . Ténor léger.
Geronimo . . . . . . Basse chantante.
Robinson . . . . . . Seconde basse.
Carolina . . . . . . Chanteuse légère.
Fidalina . . . . . . Forte chanteuse (Stolz).
Elisetta . . . . Première ou seconde dugazon.

Vienne, 1792.

Paris, 1801.

Théâtre-des-Arts, 30 août 1821.

LA FANCHONNETTE

Opéra-comique en 3 actes.

SAINT-GEORGES, LEUVEN. — CLAPISSON.

Gaston.	Ténor léger.
Le Chevalier	Second ténor.
Le Marquis.	Basse chantante ou baryton.
Candide.	Trial.
Le père Bonheur . .	Laruette.
Bois-Joly.	Seconde basse.
Un marchand de coco	Troisième basse.
Fanchonnette. . . .	Chanteuse légère.
Hélène	Dugazon.
Une march. de fleurs	Duègne.
Une march. de plaisirs	Troisième dugazon.

Théâtre-Lyrique, 1er mars 1856.

Théâtre-des-Arts, 6 février 1857.

MAITRE CLAUDE

Opéra-comique en 1 acte

SAINT-GEORGES, LEUVEN. — COHEN.

Claude Lorrain . . .	Basse chantante.
Le duc d'Aiguillon .	Baryton d'opéra-comique.
Bouton-de-Rose . . .	Trial.
Perrine.	Chanteuse légère.
Suzette.	Dugazon.

Opéra-Comique, 18 mars 1861.

Théâtre-des-Arts, 7 décembre 1861.

CARDILLAC

Opéra en 3 actes et 4 tableaux

NUITTER, BEAUMONT. — LUCIEN DAUTRESME.

Cardillac . . . . . . Baryton de grand-opéra.
Olivier . . . . Ténor léger ou fort ténor.
Le comte de Miossens Second ténor ou ténor léger.
Desgrais . . . . . . Seconde basse.
Madeleine. . . . . . Forte chanteuse (Falcon).

Théâtre-Lyrique, 11 décembre 1867.

Théâtre-des-Arts, 17 avril 1868.

LE DÉSERT

Ode-Symphonie en 3 parties

A. COLIN. — FÉLICIEN DAVID.

Salle du Conservatoire, 8 décembre 1844.

Théâtre-des-Arts (orchestre Pasdeloup).

LA PERLE DU BRÉSIL

Opéra-comique en 3 actes.

GABRIEL, SAINT-ÉTIENNE, — FÉLICIEN DAVID.
BARBIER.

Lorenz . . . . Ténor léger.
Don Salvador. . . . Basse chantante.
Rio. . . . . Second ténor.
Don José. . . . . . Baryton d'opéra-comique.
Don Inigo . . . . . Trial ou Laruette.
Diego . . . . Seconde basse.
Numez . . . . Troisième ténor.
Zora . . . . Chanteuse légère.
Comtesse de Villaréal Dugazon.
Quatre chefs brésiliens.

Théâtre-Lyrique, 22 novembre 1851.

HERCULANUM

Grand-opéra en 4 actes

MÉRY, HADOT. — FÉLICIEN DAVID.

Hélios . . . . Fort ténor.
Nicanor. . . . . . . } Basse noble.
Satan. . . . . }
Magnus. . . . . . . Basse chantante.
Satan. . . . . Seconde basse.
Olympia . . . . . . Forte chanteuse (Stolz).
Lilia . . . . Forte chanteuse (Falcon).

Opéra, 4 mars 1859.

LALLA-ROUKH

Opéra-comique en 2 actes

CARRÉ, LUCAS. — FÉLICIEN DAVID.

Noureddin	Ténor léger.
Baskir	Basse ch. ou baryton d'op.-com.
Bakbara	Basse chant. ou seconde basse.
Kapoul.	Troisième basse.
Lalla-Roukh	Chanteuse légère.
Nierza	Dugazon.

Opéra-Comique, 12 mai 1862.

Théâtre-des-Arts, 24 avril 1863.

LE SAPHIR

Opéra-comique en 3 actes

LEUVEN, CARRÉ, HADOT. — FÉLICIEN DAVID.

Gaston	Ténor léger.
Parole	Basse chant. ou baryton d'op.-c.
Hermine	Chanteuse légère.
Fiammetta	Dugazon.
La Reine	Chanteuse légère
Olivier	Seconde dugazon.
Lucrezia	Duègne.

Opéra-Comique, 8 mars 1865.

LAKMÉ

Opéra-comique en 3 actes.

GONDINET, GILLE. — Léo DELIBES.

Gérald	Ténor léger.
Hadji.	Second ténor.
Frédéric	Baryton d'opéra-comique.
Nilakantha.	Basse chantante.
Marchand chinois. .	Seconde basse.
Un Domben.	Troisième ténor.
Un Bohémien	Troisième basse.
Lakmé	Chanteuse légère.
Mallika.	Chanteuse légère.
Ellen.	Dugazon.
Rose	Seconde dugazon.
Mistress Bentson . .	Duègne.

Opéra-Comique, 14 avril 1883.

LES VISITANDINES

Opéra-comique en 2 actes.

PICARD. — DEVIENNE.

Belfort.	Ténor léger.
Frontin.	Baryton d'opéra-comique.
Un Cocher	Seconde basse.
Grégoire	Laruette.
Euphémie	Dugazon.
Agnès	Seconde dugazon.
La Tourière	Duègne.

Théâtre-Feydeau, 7 juillet 1792.
Théâtre-des-Arts, 10 décembre 1792.

LUCRÈCE-BORGIA

Grand-opéra en 4 actes et 5 tableaux.

ROMANI. — DONIZETTI.

Gennaro . . . . Fort ténor ou ténor léger.
Duc Alphonse. . . . Basse noble.
Gubetta . . . . Basse chantante.
Astolfo. . . . . Seconde basse.
Liveretto. . . . . . . Second ténor.
Gazella. . . . . Troisième basse.
Petrucci . . . . Troisième basse.
Rustighello. . . . . Troisième ténor.
Lucrezia . . . . Forte chanteuse (Falcon).
Orsini . . . . Forte chanteuse (Stoltz).

Théâtre de la Scala, à Milan, 7 mars 1834.
Théâtre-Italien, 27 octobre 1840.
Théâtre-des-Arts, 13 mai 1851.

LUCIE DE LAMMERMOOR

Grand-opéra en 4 actes

ROYER, WAEZ. — DONIZETTI.

Edgard. . . . . Fort ténor.
Asthon . . . . Baryton de gr.-op. ou d'op.-com.
Arthur . . . . Second ténor .
Raymond. . . . . . Seconde basse.
Gilbert . . . . Troisième ténor.
Lucie. . . . . Chanteuse légère.

Théâtre de la Renaissance, 10 août 1835.
Théâtre-des-Arts, 24 décembre 1839.

LA FILLE DU RÉGIMENT

Opéra-comique en 2 actes

BAYARD, SAINT-GEORGES. — DONIZETTI.

Tonio. . . . . Ténor léger.
Sulpice. . . . . Basse chantante.
Hortensius . . . . . . Laruette.
Marie. . . . . Chanteuse légère.
La Marquise . . . . Duègne.
La Duchesse . . . . Seconde dugazon.

Opéra-Comique, 11 février 1840.

Théâtre-des-Arts, 22 avril 1843.

LES MARTYRS

Grand-opéra en 4 actes et 7 tableaux.

SCRIBE. — DONIZETTI.

Polyeucte. . . . . . . Fort ténor.
Sévère . . . . Baryton de grand-opéra.
Félix. . . . . Basse noble.
Calisthène . . . . . . Seconde basse.
Néarque . . . . Troisième ténor.
Pauline. . . . . Forte chanteuse (Falcon).
Calixte. . . . . Seconde dugazon.

Opéra, 10 avril 1840.

Théâtre-des-Arts, 1er avril 1843.

LA FAVORITE

Grand-opéra en 4 actes

SCRIBE, ROYER, WAEZ. — DONIZETTI.

Fernand . . . . . . Fort ténor.
Alphonse XI . . . . Baryton de grand-opéra.
Balthazar. . . . . . Basse noble.
Don Gaspar. . . . . Troisième ténor.
Léonore. . . . . . . Forte chanteuse (Stolz).
Inès . . . . Seconde dugazon.

Opéra, 2 décembre 1840.

Théâtre-des-Arts, 25 décembre 1841.

DON PASQUALE

Opéra-bouffe en 3 actes

ROYER, WAEZ. — DONIZETTI.

Don Pasquale. . . . Basse chantante
Octave . . . . Ténor léger.
Le Docteur. . . . . Baryton d'opéra-comique.
Louise . . . . Chanteuse légère.

Théâtre-Italien, 4 janvier 1843.

Théâtre-Lyrique, 9 septembre 1864.

Théâtre-des-Arts, 5 décembre 1843.

MARTHA

Opéra en 4 actes et 6 tableaux

SAINT-GEORGES. — DE FLOTOW.

Lyonel	**Ténor léger.**
Plumkett	**Basse chantante.**
Tristan de Mikleford	**Seconde basse.**
Henriette Durham .	**Chanteuse légère.**
Nancy	**Dugazon.**

Théâtre de Vienne, 25 novembre 1847.

Théâtre-des-Arts, 3 novembre 1859.

Théâtre-Lyrique, 18 décembre 1865.

L'OMBRE

Opéra-comique en 3 actes

SAINT-GEORGES. — DE FLOTOW.

Fabrice	**Ténor léger.**
Antoine	**Baryton d'opéra-comique.**
Mme Abeille	**Chanteuse légère.**
Jeanne	**Dugazon.**

Opéra-Comique, 7 juillet 1870.

Théâtre-des-Arts, 12 septembre 1874.

LE TRAITÉ NUL

Opéra-comique en 1 acte

MARSOLLIER. — GAVEAUX.

Théâtre-Feydeau, 9 juin 1797.

Théâtre-des-Arts, 28 mai 1798.

LE BOUFFE ET LE TAILLEUR

Opéra-comique en 1 acte

GOUFFÉ, VILLIERS. — GAVEAUX.

Benini . . . . Baryton d'opéra-comique.
Barbeau . . . . Seconde basse.
Cavatini . . . . . . Trial.
Célestine . . . . . . Chanteuse légère.

Théâtre Montansier, 21 juin 1804.

Théâtre-des-Arts, 15 novembre 1804.

MONSIEUR DESCHALUMEAUX

Opéra-comique en 3 actes

CREUZÉ DE LESSER. — GAVEAUX.

Ducoudray	Ténor léger.
Lafleur.	Baryton d'opéra-comique.
De Villars	Basse chantante.
De Blémont.	Second ténor.
Deschalumeaux . . .	Trial.
La Jeunesse	Laruette.
Le Suisse.	Seconde basse.
Mme de Villeroux . .	Chanteuse légère.
Mme de Brillon . . .	Dugazon.

Théâtre-Feydeau, 17 février 1806.
Théâtre-des-Arts, 9 juillet 1806.

IPHIGÉNIE EN AULIDE

Opéra en 3 actes

DU ROLLET. — GLUCK.

Achille	Fort ténor.
Agamemnon	Basse noble.
Calchas.	Basse chantante.
Arcas	Seconde basse.
Patrocle	Troisième basse.
Iphigénie.	Forte chanteuse (Falcon).
Clytemnestre	Forte chanteuse (Stolz).
Diane	Dugazon.

Opéra, 19 avril 1774.
Théâtre-des-Arts, 17 février 1790.

ORPHÉE & EURYDICE

Opéra en 3 actes

MOLINE. — GLUCK.

Orphée	Fort ténor ou ténor léger.
Eurydice	Forte chanteuse (Falcon).
L'Amour	Chanteuse légère.

Opéra, 2 août 1774.

Théâtre-des-Arts, 21 décembre 1788.

LA FILLE DE SAÜL

Opéra en 5 actes

Félix GODEFROID. — Félix GODEFROID.

Jonathas	Fort ténor.
Saül.	Baryton de grand opéra.
David	Ténor léger.
Samuel.	Basse noble.
Le grand prêtre . .	Basse chantante.
Le chef de la caravane	Seconde basse.
Michol	Chanteuse légère.
Sichel	Forte chanteuse (Falcon).
Pythonisse d'Endor.	Forte chanteuse (Stoltz).

SAPHO

Opéra en 4 actes et 5 tableaux

EMILE AUGIER. — GOUNOD.

Phaon . . . . Fort ténor.
Alcée. . . . . Baryton de gr.-opéra ou d'op.-c.
Pythéas . . . . Basse chantante.
Pittacus . . . . Seconde basse.
Un pâtre . . . . Troisième ténor.
Sapho . . . . Forte chanteuse (Falcon).
Glycère. . . . . Forte chanteuse (Stolz).

Opéra, 16 avril 1851 (en 3 actes).
Opéra, 26 juillet 1858 (en 2 actes).
Opéra, 2 avril 1884 (en 4 actes).

LA NONNE SANGLANTE

Opéra en 5 actes

SCRIBE, GERMAIN DELAVIGNE. — GOUNOD.

Rodolphe . . . . . . Fort ténor.
Luddorf . . . . Baryton de grand-opéra.
Pierre l'Ermite . . . Basse noble.
La Nonne sanglante. Forte chanteuse (Stolz).
Agnès de Moldaw . Chanteuse légère.
Urbain, page . . . . Dugazon.

Opéra, 18 octobre 1854.

FAUST

Opéra en 5 actes et 9 tableaux

BARBIER, CARRÉ. — GOUNOD.

Faust. . . . . Ténor léger ou fort ténor.
Méphistophélès . . . Basse chantante ou basse noble.
Valentin . . . . Baryton de gr.-op. ou d'op.-com.
Wagner. . . . . Seconde basse.
Marguerite . . . . . Chanteuse légère.
Siébel. . . . . Dugazon.
Marthe . . . . Duègne,

Théâtre-Lyrique, 19 mars 1859.
Opéra, 2 mars 1869.
Théâtre-des-Arts, 11 avril 1860. — Répertoire d'opéra-comique.
Théâtre-des-Arts, 23 décembre 1874. — Répertoire de grand-opéra.

PHILÉMON & BAUCIS

Opéra-comique en 3 actes

BARBIER, CARRÉ. — GOUNOD.

Philémon . . . . . . Ténor léger ou second ténor.
Jupiter. . . . . Basse chantante.
Vulcain. . . . . Seconde basse.
Baucis . . . . Chanteuse légère.
Une bacchante . . . Dugazon.

Théâtre-Lyrique, 18 février 1860.
Théâtre-Lafayette, saison d'été 1879.

LA REINE DE SABA

Opéra-comique en 4 actes

BARBIER, CARRÉ. — GOUNOD.

Adoniram. . . . . . . Fort ténor.
Phanor. . . . . Baryton de grand-opéra.
Soliman. . . . . Basse noble.
Amrou. . . . . Second ténor.
Methousael . . . . . Seconde basse.
Sadoc. . . . . Troisième basse.
Balkis . . . . Forte chanteuse (Falcon).
Benoni . . . . Dugazon.
Sarahil. . . . . Seconde dugazon.

Opéra, 28 février 1862.

MIREILLE

Opéra en 3 actes

CARRÉ. — GOUNOD.

Vincent. . . . . Ténor léger.
Ourrias. . . . . Baryton d'opéra-comique.
Maître Ramon. . . . Basse chantante.
Maître Ambroise . . Seconde basse.
Mireille. . . . . Chanteuse légère.
Taven . . . . Dugazon ou forte chant. (Stoltz).
Andreloux . . . . . . Seconde dugazon.
Clémence . . . . . . Troisième dugazon.

Théâtre-Lyrique, 19 mars 1864 (en 5 actes).
Théâtre-Lyrique, 15 décembre 1864 (en 3 actes).
Théâtre-des-Arts, 23 mars 1870.

ROMÉO & JULIETTE

Opéra en 5 actes

BARBIER, CARRÉ. — GOUNOD.

Roméo	**Ténor léger.**
Mercutio	**Baryton d'opéra-comique.**
Frère Laurent . . .	**Basse noble.**
Capulet.	**Basse chantante.**
Tybalt	**Second ténor.**
Duc de Vérone . . .	**Seconde basse.**
Grégorio	**Seconde basse.**
Pâris.	**Troisième basse.**
Benevolio	**Troisième ténor.**
Juliette.	**Chanteuse légère.**
Stéphano	**Dugazon.**
Gertrude	**Duègne.**

Théâtre-Lyrique, 27 avril 1867.

Théâtre-des-Arts, 19 mars 1875.

CINQ-MARS

Opéra-comique en 4 actes et 5 tableaux

POIRSON, GALLET. — GOUNOD.

Cinq-Mars	Ténor léger.
De Thou	Baryton de grand-opéra.
Le père Joseph . . .	Basse chantante.
Fontrailles.	Baryton d'opéra-comique.
Le Roi	Seconde basse.
Le Chancelier. . . .	Troisième basse.
Montmort.	Second ténor.
Montrésor.	Troisième basse.
Montglat.	Troisième ténor
Château-Giron. . . .	Troisième basse.
Eustache	Troisième basse.
Marie de Gonzague.	Forte chanteuse (Falcon).
Marion Delorme. . .	Chanteuse légère.
Ninon de l'Enclos . .	Dugazon.

Opéra-Comique, 5 avril 1877.

POLYEUCTE

Grand-opéra en 5 actes

BARBIER, CARRÉ. — GOUNOD.

Polyeucte	Fort ténor.
Sextus	Second ténor.
Sévère	Baryton de grand-opéra.
Félix	Basse noble.
Albin	Basse chantante.
Néarque	Seconde basse ou baryton d'op.-c.
Siméon	Troisième basse.
Pauline	Forte chanteuse (Falcon).
Stratonice	Seconde dugazon.

Opéra, 7 octobre 1878.

LUCILE

Opéra-comique en 1 acte

MARMONTEL. — GRÉTRY.

Italiens, 5 janvier 1769.
Théâtre-des-Arts, 30 mars 1778

LE TABLEAU PARLANT

Opéra-comique en 1 acte

ANSEAUME. — GRÉTRY.

Cassandre . . . . . . Laruette.
Léandre . . . . . . Second ténor.
Pierrot . . . . Trial.
Isabelle . . . . Dugazon.
Colombine . . . . . . Seconde dugazon.

Italiens, 20 septembre 1769.

Théâtre-des-Arts, 27 mars 1786.

LA FAUSSE MAGIE

Opéra-comique en 2 actes

MARMONTEL. — GRÉTRY.

Linval . . . . Ténor léger.
Dalin . . . . Baryton d'opéra-comique.
Dorimon . . . . . . Basse chantante.
Lucette . . . . Chanteuse légère.
Mme Saint-Clair . . . Duègne.

Comédie-Italienne, 1er février 1775.

Théâtre de la rue des Charrettes, 3 novembre 1780.

Théâtre-des-Arts, 27 mai 1789.

RICHARD CŒUR-DE-LION

Opéra en 3 actes

SEDAINE. — GRÉTRY.

Richard	Ténor léger.
Blondel	Baryton d'opéra-comique.
Williams	Basse chantante.
Florestan	Seconde basse.
Un Paysan	Trial.
Mathurin	Laruette.
Urbain	Troisième basse.
Charles	Troisième ténor.
Un Paysan	Troisième ténor.
Laurette	Chanteuse légère.
Antonio	Dugazon.
Marguerite	Seconde dugazon ou duègne.
Béatrix	Troisième dugazon

Théâtre de Fontainebleau, 21 octobre 1784.
Théâtre-des-Arts, 4 septembre 1786.

GILLES RAVISSEUR

Opéra-comique en 1 acte

SAUVAGE. — GRISAR.

Gilles	Baryton d'opéra-comique.
Léandre	Second ténor.
Crispin	Trial.
Cassandre	Laruette.
Colombine	Dugazon.

Opéra-Comique, 22 février 1848.
Théâtre-des-Arts, 29 décembre 1849.

LES PORCHERONS

Opéra-comique en 3 actes

SAUVAGE. — GRISAR.

Antoine . . . . Ténor léger.
Desbruyères . . . . Basse chantante.
Giraumont . . . . . Baryton d'opéra-comique.
De Jolicourt . . . . Trial.
Picard . . . . Laruette.
Grand-Pierre. . . . Seconde basse.
Ratapiol . . . . Troisième basse.
Marquise de Bryane. Chanteuse légère.
Florine. . . . . Dugazon.
La Vicomtesse . . . Seconde dugazon.

Opéra-Comique, 12 janvier 1850.

Théâtre-des-Arts, 2? mars 1851.

BONSOIR, MONSIEUR PANTALON !

Opéra-comique en 1 acte

LOCKROY, MORVAN. — GRISAR.

Pantalon . . . . . . Seconde basse.
Lélio . . . . Second ténor.
Le docteur Tirotofalo Laruette.
Colombine. . . . . . Dugazon.
Isabelle. . . . . . . Seconde dugazon.
Lucrèce. . . . . . . Duègne.

Opéra-Comique, 19 février 1851.

Théâtre-des-Arts, 13 août 1851.

LE CHIEN DU JARDINIER

Opéra-comique en 1 acte

LOCKROY, CORMON. — GRISAR.

Justin	Baryton d'opéra-comique.
François	Second ténor.
Catherine.	Chanteuse légère.
Marcelle	Dugazon.

Opéra-Comique, 16 janvier 1855.
Théâtre-des-Arts, 5 mars 1857.

LES SOUVENIRS DE LA FLEUR

Opéra-comique en 1 acte

CARMOUCHE, COURCY. — HALÉVY.

Opéra-Comique, 4 mars 1833.
Théâtre-des-Arts, 17 octobre 1834.

LA JUIVE

Grand-opéra en 5 actes

SCRIBE. — HALÉVY.

Eléazar.	Fort ténor.
Le cardinal de Brogni	Basse noble.
Léopold.	Premier ou second ténor léger.
Ruggiero.	Baryton ou basse chantante.
Albert	Troisième basse.
Rachel	Forte chanteuse (Falcon).
Eudoxie	Chanteuse légère.

Opéra, 23 février 1835.
Théâtre-des-Arts, 5 février 1836.

L'ÉCLAIR

Opéra-comique en 3 actes

SAINT-GEORGES, PLANARD. — HALÉVY.

Lionel	Ténor léger.
Georges	Second ténor.
Henriette.	Chanteuse légère.
Mme Darbel.	Dugazon.

Opéra-Comique, 30 décembre 1835.

Théâtre-des-Arts, 4 avril 1836.

LA REINE DE CHYPRE

Grand-opéra en 5 actes

SAINT-GEORGES. — HALÉVY.

Gérard de Coucy . .	Fort ténor.
Jacques de Lusignan	Baryton de grand-opéra.
Andréa Cornaro. . .	Basse noble.
Mocenigo.	Baryton d'op.-com. ou sec. ténor.
Strozzi.	Troisième ténor.
Hérault d'armes. . .	Troisième basse..
Catarina Cornaro. .	Forte chanteuse (Stolz).

Opéra, 22 décembre 1841.

Théâtre-des-Arts, 8 janvier 1845.

CHARLES VI

Grand-opéra en 5 actes

CASIMIR et GERMAIN DELAVIGNE. — HALÉVY.

Charles VI	Baryton de grand-opéra.
Le Dauphin.	Fort ténor.
Raymond.	Basse noble.
Bedford	Baryton d'op.-com. ou sec. basse.
Gontran	Ténor léger ou second ténor.
Louis d'Orléans. . .	Basse noble. } Spectres.
Jean-sans-Peur . . .	Baryton d'opéra-comique } Spectres.
Clisson.	Second ténor. } Spectres.
L'homme de la forêt.	Troisième ténor.
Odette	Forte chanteuse (Stolz).
Isabeau.	Chanteuse légère.

Opéra, 15 mars 1843.
Théâtre-des-Arts, 7 mars 1846.

LES MOUSQUETAIRES DE LA REINE

Opéra-comique en 3 actes

SAINT-GEORGES. — HALÉVY.

Olivier d'Entragues.	Ténor léger.
Roland.	Basse chantante.
Hector de Biron . .	Second ténor.
Laubardemont . . .	Seconde basse.
Athénaïs de Solange	Chanteuse légère.
Berthe de Simiane .	Dugazon.
La grande Maîtresse	Duègne.

Opéra-Comique, 3 février 1846.
Théâtre-des-Arts, 20 avril 1846.

LE VAL D'ANDORRE

Opéra-comique en 3 actes

SAINT-GEORGES. — HALÉVY.

Stéphan	Ténor léger.
Jacques Sincère. . .	Basse chantante.
Saturnin.	Second ténor.
Le Joyeux	Baryton d'opéra-comique.
L'Endormi	Seconde basse.
Rose de Mai	Chanteuse légère.
Georgette.	Dugazon.
Thérésa.	Duègne.

Opéra-Comique, 11 novembre 1848.

Théâtre-des-Arts, 12 décembre 1849.

LES ROSIÈRES

Opéra-comique en 3 actes

THÉAULON. — HÉROLD.

Comte d'Ennemont .	Ténor léger.
D'Apremont	Basse chantante.
Bastien.	Second ténor ou trial.
Le Sénéchal	Laruette.
Eugénie	Chanteuse légère.
Florette.	Dugazon.
Cateau	Seconde dugazon.
Brigitte.	Duègne.

Théâtre-Feydeau, 27 janvier 1817.

Théâtre-des-Arts, 14 novembre 1817.

LA CLOCHETTE

Opéra-comique en 3 actes

THEAULON. — HÉROLD.

Opéra-Comique, 18 octobre 1817.
Théâtre-des-Arts, 9 mars 1820.

MARIE

Opéra-comique en 3 actes

PLANARD. — HÉROLD

Adolphe . . . . . . Ténor léger.
Henri . . . . Second ténor.
Le Baron. . . . . . Basse chantante.
Georges . . . . . . Seconde basse.
Lubin . . . . Trial.
Emilie . . . . Chanteuse légère.
Marie . . . . Dugazon (Galli-Marié).
Suzette. . . . . . . Dugazon.
La Baronne. . . . . Duègne.

Opéra-Comique, 12 août 1826.
Théâtre-des-Arts, 11 janvier 1827.

ZAMPA

Opéra-comique en 3 actes.

MÉLESVILLE. — HÉROLD.

Zampa	Ténor léger.
Daniel	Trial.
Alphonse	Second ténor.
Dandolo	Laruette.
Camille.	Chanteuse légère.
Ritta.	Dugazon.

Opéra-Comique, 3 mai 1831.

Théâtre-des-Arts, 8 novembre 1831.

LE PRÉ AUX CLERCS

Opéra-comique en 3 actes

PLANARD. — HÉROLD.

Mergy	Ténor léger.
Commingo	Second ténor.
Girot.	Seconde basse.
Cantarelli.	Trial.
Isabelle.	Chanteuse légère.
Nicette	Dugazon.
La Reine	Forte chanteuse (Falcon).

Opéra-Comique, 15 décembre 1832

Théâtre-des-Arts, 8 mars 1833.

LUDOVIC

Opéra en 2 actes

SAINT-GEORGES. — HÉROLD, HALÉVY.

Grégorio . . . . . Ténor léger.
Ludovic. . . . . . . Baryton d'opéra-comique.
Scipion. . . . . . . Basse chantante.
Francesca. . . . . . Chanteuse légère
Nice . . . . Dugazon.

Opéra-Comique, 16 mai 1833.
Théâtre-des-Arts, 22 août 1833.

PAUL ET VIRGINIE

Opéra en 3 actes

FAVIÈRES. — KREUTZER.

Paul . . . . Ténor léger.
Domingue . . . . . Basse chantante.
Sainte-Croix . . . . Seconde basse.
Virginie . . . . . . Chanteuse légère.
Mme de La Tour. . . Dugazon.
Marguerite. . . . . Duègne.

Comédie-Italienne, 15 janvier 1791.
Théâtre-des-Arts, 18 janvier 1792.

LE ROSSIGNOL

Opéra en 1 acte

ETIENNE. — LEBRUN.

Opéra, 23 avril 1816.

Théâtre-des-Arts, 27 décembre 1816.

LE FLORENTIN

Opéra-comique en 3 actes

SAINT-GEORGES — CHARLES LENEPVEU.

Angelo Palma . . . Ténor léger.
Andréa Galeotti . . Baryton d'opéra-comique.
Laurent de Médicis . Basse chantante.
Polpetto . . . . . . Trial.
Pietrino . . . . . . Troisième ténor.
Paola. . . . . Chanteuse légère.
Carita . . . . Dugazon.

Opéra-Comique, 25 février 1874.

VELLÉDA

Opéra en 4 actes

CHALLAMEL, CHANTEPIE. — LENEPVEU.

Cœlius	Fort ténor ou ténor léger.
Teuter	Baryton de grand-opéra.
Sénon	Basse noble.
Un Tribun	Seconde basse.
Velléda	Forte chanteuse (Falcon).
Ina	Forte chanteuse (Stolz).
Even	Chanteuse légère.

(La scène se passe en Gaule vers la fin du IIIe siècle).
Théâtre de Covent-Garden, 4 juillet 1882.

PAUL ET VIRGINIE

Opéra en 3 actes

DUBREUIL. — LESUEUR.

Théâtre-Feydeau, 13 janvier 1794.

GALATHÉE

Opéra-comique en 2 actes.

BARBIER, CARRÉ. — MASSÉ.

Pygmalion	Basse chant. ou forte ch. (Stolz).
Ganymède	Second ténor.
Midas	Trial.
Galathée	Chanteuse légère.

Opéra-Comique, 14 avril 1852.
Théâtre-des-Arts, 26 mars 1854.

LES DRAGONS DE VILLARS

Opéra-comique en 3 actes

CORMON, LOCKROY. — MAILLART.

Sylvain . . . . Ténor léger.
Belamy . . . . Baryton d'opéra-comique.
Thibaut . . . . Trial.
Le Pasteur . . . . . Seconde basse.
Rose Friquet . . . . Dugaz. (Galli-Marié) ou chant. lég.
Georgette . . . . . . Première ou seconde dugazon.

Théâtre-Lyrique, 19 septembre 1856.
Théâtre-des-Arts, 19 mai 1858.

LARA

Opéra-comique en 3 actes et 6 tableaux.

CARRÉ. — MAILLART.

Lara . . . . Ténor léger.
Ezzelin . . . . Baryton d'opéra-comique.
Lambro . . . . Basse chantante.
Le Marquis . . . . . Seconde basse.
Kaled . . . . Forte chanteuse (Stolz), ou dugazon (Galli-Marié).
Comtesse de Flor . . Chanteuse légère.

Opéra-Comique, 21 mars 1864.
Théâtre-des-Arts, 22 avril 1876

LA VENDÉENNE

Opéra en 3 actes.

FRÉDÉRIC DESCHAMPS. — MAILLOT.

Poldie . . . . Basse chantante.
Valjoie . . . . Baryton d'opéra-comique.
Olivier . . . . Ténor léger.
Francheville . . . . Second ténor.
Yvonne . . . . Forte chanteuse (Falcon).
Comt. de Francheville Mère dugazon ou duègne.

Théâtre-des-Arts, 9 décembre 1857 (répertoire d'op.-com.).
Théâtre-des-Arts, 10 mars 1859 (répertoire de gr.-opéra).

LA CHANTEUSE VOILÉE

Opéra-comique en 2 actes.

SCRIBE, LEUVEN. — VICTOR MASSÉ.

Vélasquez . . . . . Ténor léger.
Perdican . . . . . . Baryton d'opéra-comique.
Palomita . . . . . . Chanteuse légère.

Opéra-Comique, 26 novembre 1850.

LES NOCES DE JEANNETTE

Opéra-comique en 1 acte.

BARBIER, CARRÉ. — MASSÉ.

Jean	Baryton d'opéra-comique.
Jeannette.	Chanteuse légère.

Opéra-Comique, 4 février 1853.
Théâtre-des-Arts, 25 décembre 1853.

LES SAISONS

Opéra-comique en 3 actes

BARBIER, CARRÉ. — MASSÉ.

Nicolas.	Basse chantante.
Jacques Ballu . . .	Baryton d'op.-com. ou sec. ténor.
Pierre	Ténor léger.
Thibaut	Trial.
Simonne	Chanteuse légère.
Zénobie.	Dugazon.

Opéra-comique, 22 décembre 1855.
Théâtre-des-Arts, 15 avril 1859.

LA REINE TOPAZE

Opéra-comique en 3 actes.

LOCKROY, BATTU. — MASSÉ.

Rafaël	Ténor léger.
Annibal	Baryton d'opéra-comique.
Francatrippa	Basse chantante.
Fritellino.	Second ténor.
Manfredi	Troisième ténor.
Bembo	Seconde basse.
Gritti.	Troisième basse.
Topaze.	Chanteuse légère.
Filomela	Dugazon.

Théâtre-Lyrique, 27 décembre 1856.
Théâtre-des-Arts, 18 décembre 1859.

FIOR D'ALIZA

LUCAS, CARRÉ. — MASSÉ.

Opéra-comique en 4 actes et 7 tableaux.

Geronimo.	Ténor léger.
Hilario.	Baryton d'opéra-comique.
Antonio	Basse chantante.
Calamayo.	Seconde basse.
Le Bargello.	Laruette.
Le Marié.	Second ou troisième ténor.
Fior d'Aliza	Chanteuse légère
Piccinina.	Dugazon (Galli-Marié).
Magdalena	Duègne.
La Mariée	Seconde dugazon.

Opéra-Comique, 5 février 1866.

PAUL & VIRGINIE

Opéra-comique en 3 actes et 7 tableaux.

CARRÉ, BARBIER. — MASSÉ.

Paul	Ténor léger.
Sainte-Croix . . .	Baryton de grand-opéra.
Domingue.	Baryton d'op.-c. ou basse chant.
La Bourdonnais. . .	Seconde basse.
Virginie	Chanteuse légère.
Mme de La Tour. . .	Forte chanteuse (Stolz).
Marguerite	Duègne.
Méala.	Dugazon (Galli-Marié).
Un Négrillon	Seconde dugazon.

Opéra-National, 15 novembre 1876.

Théâtre-Lafayette, janvier 1880.

UNE NUIT DE CLÉOPATRE

Opéra-comique en 3 actes et 4 tableaux.

BARBIER. — MASSÉ.

Manassès.	Ténor léger.
Bocchoris.	Basse chantante
Un Muletier	Baryton d'opéra-comique.
Cléopâtre.	Chanteuse légère.
Charmion.	Dugazon.
Mamounha	Seconde dugazon ou duègne.

Opéra-Comique, janvier 1885.

LE ROI DE LAHORE

Grand-opéra en 5 actes et 6 tableaux.

GALLET. — MASSENET.

Alim	Fort ténor.
Scindia.	Baryton de grand-opéra.
Timour.	Basse noble.
Indra.	Basse chantante.
Un Chef	Seconde basse.
Sitâ	Forte chanteuse (Falcon).
Kaled	Dugazon.

Opéra, 27 avril 1877.

HÉRODIADE

Grand-opéra en 3 actes et 5 tableaux.

MILLIET, GRÉMONT, ZANARDINI. — MASSENET

Jean	Fort ténor.
Hérode.	Baryton de grand-opéra.
Phanuel	Basse noble.
Vitellius	Basse chantante.
Un grand prêtre . .	Seconde basse.
Une voix	Troisième ténor.
Salômé	Forte chanteuse (Falcon).
Hérodiade.	Chanteuse légère.
Une jeune israélite .	Seconde dugazon.

Théâtre de la Monnaie, à Bruxelles, 19 décembre 1881.

MANON

Opéra-comique en 5 actes et 6 tableaux.

MEILHAC, GILLE. — MASSENET.

Le chev. des Grieux	Ténor léger.
Lescaut.	Basse chantante.
De Brétigny	Baryton d'opéra-comique.
Le comte des Grieux	Seconde basse.
Guillot-Morfontaine.	Trial.
L'Hôtellier	Troisième basse.
Portier du séminaire	Laruette.
Manon Lescaut . . .	Chanteuse légère.
Javotte.	Chanteuse légère.
Poussette.	Dugazon.
Rosette.	Seconde dugazon.
La Servante	Troisième dugazon.

Un Joueur, un Sergent, un Archer, un Soldat.

Opéra-Comique, 19 janvier 1884.

L'IRATO

Opéra-comique en 1 acte.

MARSOLLIER. — MÉHUL.

Scapin	Baryton d'opéra-comique.
Pandolphe	Basse chantante.
Lysandre.	Second ténor.
Isabelle.	Chanteuse légère.

Opéra-Comique, 17 février 1801.

Théâtre-des-Arts, 14 février 1802.

JOSEPH

Opéra-comique en 3 actes.

DUVAL. — MÉHUL.

Joseph	Ténor lég. ou forte chant. (Stolz)
Siméon.	Baryton d'opéra-comique.
Jacob.	Basse chantante.
Ruben	Second ténor.
Utobal	Seconde basse.
Nephtali	Troisième ténor.
Benjamin.	Chanteuse légère ou dugazon.

Théâtre-Feydeau, 17 février 1807.

Théâtre-des-Arts, 18 juin 1807.

ROLAND A RONCEVAUX

Grand-opéra en 4 actes.

MERMET. — MERMET.

Roland.	Fort ténor.
Turpin	Basse noble.
Ganelon	Baryton de grand-opéra.
L'Emir.	Basse chantante.
Un Pâtre.	Troisième ténor.
Alde	Forte chanteuse (Falcon).
Saïda.	Chanteuse légère.
Un Page, une Esclave	Dugazon.

Opéra, 3 octobre 1864.

Théâtre-des-Arts, 12 janvier 1870.

MARGUERITE D'ANJOU

Opéra en 3 actes.

SAUVAGE. — MEYERBEER.

De Lavarenne . . . Ténor léger.
Morin . . . . . . Baryton d'opéra-comique.
Richard. . . . . . . Basse noble.
Norcester. . . . . . Basse chantante.
Barville . . . . . . Seconde basse.
Horner. . . . . Troisième basse.
Marguerite . . . . . Forte chanteuse (Falcon).
Isaure . . . . Forte chanteuse (Stolz).

Odéon, 11 mars 1826.

Théâtre-des-Arts, 7 août 1831.

ROBERT-LE-DIABLE

Grand-opéra en 5 actes

CASIMIR DELAVIGNE, SCRIBE. — MEYERBEER.

Robert . . . . Fort ténor.
Bertram . . . . . . Basse noble.
Raimbaud. . . . . . Ténor léger.
Alice . . . . Forte chanteuse (Falcon).
Isabelle. . . . . Chanteuse légère.

Opéra, 21 novembre 1831.

Théâre-des-Arts, 20 mars 1832.

LES HUGUENOTS

Grand-opéra en 5 actes

SCRIBE. — MEYERBEER.

Raoul de Nangis. . .	**Fort ténor.**
Marcel	**Basse noble.**
Saint-Bris	**Basse chantante.**
Nevers	**Baryton de grand-opéra.**
Valentine.	**Forte chanteuse (Falcon).**
Marguerite de Valois	**Chanteuse légère.**
Urbain	**Dugazon.**

Opéra, 29 février 1836.

Théâtre-des-Arts, 11 janvier 1837.

LE PROPHÈTE

Grand-opéra en 5 actes

SCRIBE. — MEYERBEER.

Jean de Leyde . . .	**Fort ténor.**
Oberthal	**Basse chantante.**
Jonas.	**Ténor léger ou second ténor.**
Zacharie	**Basse noble.**
Mathisen	**Baryton de grand-opéra.**
Fidès.	**Forte chanteuse (Stolz).**
Bertha	**Forte chant. (Falcon) ou chant. lég.**

Opéra, 16 avril 1849.

Théâtre-des-Arts, 23 décembre 1856.

L'ÉTOILE DU NORD

Opéra-comique en 3 actes

SCRIBE. — MEYERBEER.

Peters Michaëloff. . .	Basse chantante.
Gritzenko.	Baryton de gr.-op. ou d'op.-com.
Danilowitz	Second ténor.
Ismaïloff	Troisième ténor.
Catherine.	Chanteuse légère.
Prascovia.	Dugazon.
Nathalie	Seconde dugazon.
Ekimona	Troisième dugazon.

Opéra-Comique, 16 février 1854.

Théâtre-des-Arts, 22 octobre 1854.

LE PARDON DE PLOERMEL

Opéra-comique en 3 actes

BARBIER, CARRÉ. — MEYERBEER.

Hoël	Baryton d'op.-com. ou de gr.-op.
Corentin	Trial.
Un Chasseur . . .	Basse chantante.
Un Faucheur	Second ténor.
Dinorah.	Chanteuse légère.
Deux Pâtres.	Seconde et troisième dugazon.
Deux Chevrières . .	Seconde et troisième dugazon.

Opéra-Comique, 4 avril 1859.

Théâtre-des-Arts, 15 février 1860.

L'AFRICAINE

Grand-opéra en 5 actes
SCRIBE. — MEYERBEER.

Vasco de Gama . . .	**Fort ténor.**
Nélusko.	**Baryton de grand-opéra.**
Don Pedro	**Basse noble.**
Le grand Inquisiteur	**Basse chantante.**
Le grand Brahmime	**Basse chantante.**
Don Diégo	**Seconde basse.**
Don Alvar	**Second ténor.**
Sélika	**Forte chanteuse (Falcon).**
Inès	**Chanteuse légère.**
Anna.	**Seconde dugazon.**

Opéra, 28 avril 1865.
Théâtre-des-Arts, 14 février 1868.

LE DÉSERTEUR

Opéra-comique en 3 actes.
SEDAINE. — MONSIGNY.

Alexis	**Ténor léger.**
Montauciel	**Baryton d'opéra-comique.**
Courchemin.	**Basse chantante.**
Jean-Louis	**Laruette.**
Bertrand.	**Trial.**
Le Geôlier.	**Seconde basse.**
Louise	**Dugazon.**
Jeannette.	**Seconde dugazon.**
La Tante.	**Duègne.**

Italiens, 6 mars 1769.
Théâtre-des-Arts, 3 mars 1786.

L'ENLÈVEMENT AU SÉRAIL

Opéra en 3 actes.

PASCAL, PROSPER. — MOZART.

Belmonte . . . . . . Ténor léger.
Pedrille . . . . Baryton d'opéra-comique.
Osmin . . . . Basse chantante.
Constance . . . . . . Chanteuse légère.
Blondine . . . . . . Dugazon.

Théâtre de Vienne, 12 juillet 1782.
Lycée des Arts, 26 septembre 1798.
Théâtre-Lyrique, 11 mai 1859.

LES NOCES DE FIGARO

Opéra-comique en 4 actes.

BARBIER, CARRÉ. — MOZART.

Le Comte . . . . . Basse chantante.
Figaro . . . . Baryton ou basse chantante.
Bartholo . . . . . . Seconde basse.
Basile . . . . Trial ou second ténor.
Antonio . . . . . . Troisième basse.
La Comtesse . . . . Chanteuse légère.
Suzanne . . . . . . Chanteuse légère.
Chérubin . . . . . . Dugazon.
Marceline . . . . . . Duègne.
Barberine . . . . . . Seconde dugazon.

Théâtre de Vienne, 28 avril 1786.
Opéra, 20 mars 1793.
Théâtre-Italien, 23 décembre 1807.
Théâtre-Feydeau, 31 décembre 1818.
Odéon, 22 juin 1826.
Théâtre-Lyrique, 8 mai 1858.
Théâtre-des-Arts, 26 janvier 1859.

DON JUAN

Opéra en 4 actes et 9 tableaux.

DESCHAMPS, BLAZE. — MOZART.

Don Juan.	Baryton de grand-opéra.
Leporello.	Basse chantante.
Don Ottavio	Ténor léger.
Le Commandeur. . .	Basse noble.
Masetto.	Baryton d'opéra-comique.
Dona Elvire	Forte chanteuse (Stolz).
Dona Anna.	Forte chanteuse (Falcon).
Zerline.	Chanteuse légère.

Théâtre de Prague, 4 novembre 1787.
Odéon, 24 décembre 1827.

LA FLUTE ENCHANTÉE

Opéra en 4 actes

NUITTER, BEAUMONT. — MOZART.

Pamino.	Ténor léger.
Papageno.	Baryton d'opéra-comique.
Sarastro	Basse noble.
Manès	Basse chantante.
Monostatos	Seconde basse.
Psammis	Second ténor.
Bamboloda	Trial.
La Reine de la Nuit.	Chanteuse légère.
Pamina.	Chanteuse légère.
Papagéna.	Dugazon.

Vienne, 30 septembre 1791.
Théâtre-Lyrique, 23 février 1865.
Théâtre-des-Arts, 15 janvier 1818.

LES RENDEZ-VOUS BOURGEOIS

Opéra-bouffe en 1 acte

HOFFMANN. — NICOLO.

Charles. . . . . . . Second ténor.
Jasmin. . . . . . . Baryton d'opéra-comique.
Bertrand. . . . . . Trial.
Dugravier . . . . . Laruette.
César. . . . . Seconde basse.
Julie. . . . . Dugazon.
Louise . . . . Seconde dugazon.
Reine. . . . . Duègne.

Opéra-Comique, 9 mai 1807.

Théâtre-des-Arts, 30 juillet 1807.

JOCONDE

Opéra-comique en 3 actes.

ETIENNE. — NICOLO.

Joconde . . . . . . Baryton d'opéra-comique.
Robert. . . . . . . Second ténor.
Lucas . . . . Trial.
Le Bailli . . . . . Laruette.
Lysandre. . . . . . Seconde basse.
Edile. . . . . Chanteuse légère.
Jeannette. . . . . . Dugazon.
Mathilde . . . . . . Seconde dugazon.

Théâtre-Feydeau, 28 février 1814.

Théâtre-des-Arts, 21 juin 1814.

LES CONTES D'HOFFMANN

Opéra-fantastique en 4 actes.

BARBIER, CARRÉ — OFFENBACH.

Hoffmann. . . . . . Ténor léger.
Lindorf. . . . . . . } Basse chantante.
Miracle, Coppelius. . }
Andrès, Cochenille, } Trial.
Frantz. . . . . . }
Spallanzani. . . . . Laruette.
Wilhelm . . . . . . Baryton d'opéra-comique.
Nathanaël . . . . . Troisième ténor.
Crespel. . . . . . . Seconde basse.
Hermann. . . . . . Troisième basse.
Stella, Olympia, } Chanteuse légère.
Antonia . . . . }
Nicklausse . . . . . Dugazon.

Opéra-Comique, 10 février 1881.
Théâtre-des-Arts, 2 avril 1884.

LE MAITRE DE CHAPELLE

Opéra-comique en 2 actes

Me Sophie GAY. — PAER.

Barnabé . . . . . . Baryton d'opéra-comique.
Benetto. . . . . . . Trial.
Sans-Quartier. . . . Basse chantante.
Firmin . . . . Second ténor.
Gertrude . . . . . . Dugazon.
Cœlenie. . . . . . . Seconde dugazon.

Théâtre Feydeau, 29 mars 1821.
Théâtre-des-Arts, 7 juillet 1823.

LE BARBIER DE SÉVILLE

Opéra-comique en 4 actes

BEAUMARCHAIS. — PAISIELLO.

Le Comte. . . . . . Ténor léger.
Figaro . . . . Baryton d'opéra-comique.
Basile . . . . Basse chantante.
Bartholo . . . . . . Laruette.
La Jeunesse . . . . Seconde basse.
L'Eveillé. . . . . . Trial.
Rosine . . . . Chanteuse légère.

Théâtre de Saint-Pétersbourg, 28 novembre 1780.
Salle des Tuileries, 12 juillet 1789.
Théâtre-Feydeau, 22 juillet 1789.
Théâtre-des Variétés, 10 janvier 1790.
Théâtre-Favart, 17 janvier 1802.
Théâtre-des-Arts, 21 novembre 1785.

LA SERVANTE MAITRESSE

Opéra-comique en 2 actes

BAURANS. — PERGOLÈSE.

Pandolphe . . . . . Baryton d'opéra-comique.
Zerline. . . . . . . Chanteuse légère.
Scapin . . . . (Personnage muet), trial.

Théâtre San-Bartholomeo à Naples (La Serva Padrona), 1731.
Théâtre-Italien à Paris, 4 octobre 1746.
Opéra, 2 août 1752; Opéra-Comique, 13 août 1852.
Théâtre-des-Ars, 8 mars 1799.

BONSOIR, VOISIN!

Opéra-comique en 1 acte

BRUNSWICK, BEAUPLAN. — POISE.

Charlot. . . . . . . Baryton d'opéra-comique.
Louisette. . . . . . Dugazon.

Théâtre-Lyrique, 18 septembre 1853.

Théâtre-des-Arts, 11 février 1863.

LES ABSENTS

Opéra-comique en 1 acte.

DAUDET. — POISE.

Eustache. . . . . . Second ténor.
Léonard . . . . . . Trial.
Brechemain. . . . . Seconde basse.
Suzette. . . . . . . Dugazon.
Brigitte . . . . . . Duègne.

Opéra-Comique, 26 décembre 1864.
Théâtre-des-Arts, 2 février 1870.

L'AMOUR MÉDECIN

Opéra-comique en 3 actes.

MONSELET. — POISE.

Clitandre.	Ténor léger.
Sganarelle	Basse chantante.
Mr Josse	Seconde basse.
Mr Guillaume. . . .	Troisième basse.
Les quatre Médecins	Sec. ténor, trial, laruette, 3e ténor
Lisette	Chanteuse légère.
Lucinde	Dugazon.

Opéra-Comique, 20 décembre 1880.

JOLI GILLES

Opéra-comique en 2 actes.

MONSELET. — POISE.

Gilles.	Baryton d'opéra-comique.
Léandre	Ténor léger.
Trivelin	Laruette ou seconde basse.
Pasquello.	Second ténor.
Pantalon	Trial.
Violette	Chanteuse légère.
Mme Pantalon. . . .	Dugazon.
Silvia	Seconde dugazon.

Opéra-Comique, 10 octobre 1884.

LA STATUE

Opéra en 3 actes

BARBIER, CARRÉ. — REYER.

Sélim. . . . . Ténor léger.
Amgiad . . . . Basse chantante ou baryton.
Kaloum Barouk. . . Seconde basse.
Mouck. . . . . Second ténor.
Ali. . . . . Trial.
Margyane. . . . . . Chant. lég. ou chant. (Falcon).

Théâtre-Lyrique, 11 avril 1861.

SIGURD

Opéra en 4 actes et 9 tableaux

DU LOCLE, BLAU. — REYER.

Sigurd . . . . Fort ténor.
Gunther . . . . . . Baryton de grand-opéra.
Hagen . . . . Basse noble.
Le gr. prêtre d'Odin. Baryton d'op.-com. ou basse ch.
Brunehilde . . . . . Forte chanteuse (Falcon).
Hilda. . . . . Chanteuse légère.
Uta. . . . . Forte chanteuse (Stolz).

Théâtre de la Monnaie, à Bruxelles, 7 janvier 1884.
Opéra, 12 juin 1885.

JEANNE MAILLOTTE

Opéra-comique en 3 actes.

FAURE. — REYNAUD.

Robert d'Hellèmes. .	Ténor léger.
Desbourdeau	Baryton de grand-opéra.
Cornille	Basse noble.
Louis de Flers . . .	Second ténor.
Le duc de Parme . .	Seconde basse.
Jeanne Maillotte . .	Chanteuse légère ou chant. Falcon

Grand-Théâtre de Lille, 27 janvier 1875.
Théâtre-Lafayette, à Rouen, 1878.
Théâtre-des-Arts, 18 avril 1885.

LE DOCTEUR CRISPIN

Opéra-bouffe en 3 actes et 7 tableaux.

NUITTER, BEAUMONT. — Frères RICCI.

Comte del Fiore . .	Ténor léger.
Fabrizio	Baryton d'opéra-comique.
Crispin.	Basse chantante.
Mirobolan	Seconde basse.
Asdrubal.	Laruette.
Bartolo.	Troisième ténor.
Annette	Chanteuse légère.
La Commère	Forte chanteuse (Stoltz).
Lisette.	Dugazon.

Théâtre du Fondo à Naples, 1' novembre 1836.
Théâtre-Italien, 4 avril 1865.
Théâtre de l'Athénée, 1' septembre 1869.
Théâtre-des-Arts, 19 décembre 1865 (en italien)

TANCRÈDE

Grand-opéra en 4 actes

ROSSI, CASTIL BLAZE. — ROSSINI.

Théâtre de la Fenice, à Venise, 7 mars 1813.
Théâtre-Italien. 22 décembre 1816.
Odéon, 14 février 1827 (traduction française).

L'ITALIENNE A ALGER

Opéra-bouffe en 3 actes

CASTIL BLAZE. — ROSSINI.

Lindor . . . . Ténor léger.
Mustapha . . . . . . Basse chantante.
Taddeo . . . . Baryton d'opéra-comique.
Ali . . . . Seconde basse.
Isabelle . . . . . . Chanteuse légère.
Meli . . . . Dugazon.
Zulma . . . . Seconde dugazon.

Théâtre San-Benedetto, à Venise, 3 août 1813.
Théâtre-Italien, 1er février 1817.
Théâtre-des-Arts, 13 septembre 1830.

OTHELLO

Opéra en 3 actes.

ROYER, VAEZ. — ROSSINI.

Othello . . . . Fort ténor.
Iago . . . . Basse noble.
Rodrigo . . . . . Baryton de grand-opéra.
Desdemona . . . . . Forte chanteuse (Stolz).

Théâtre du Fondo, à Naples, 27 octobre 1816.
Théâtre-Italien, 5 juin 1821.
Opéra, 2 septembre 1844
Théâtre-des-Arts, 14 décembre 1832.

LE BARBIER DE SÉVILLE

Opéra-comique en 4 actes

CASTIL BLAZE. — ROSSINI.

Almaviva. . . . . . Ténor léger.
Figaro . . . . Baryton d'opéra-comique.
Basile . . . . Basse chantante.
Bartholo . . . . . . Seconde basse.
Pédrille . . . . . . Troisième basse.
Rosine . . . . Chanteuse légère.
Marceline. . . . . . Duègne.

Théâtre-Argentina, à Rome, 26 décembre 1816.
Salle Louvois, 26 octobre 1819.
Odéon, 6 mai 1824 (traduction française).
Opéra, 11 octobre 1831 (une seule représentation).
Opéra-National, 28 septembre 1851.
Opéra, 9 décembre 1853.
Théâtre-des-Arts, 27 février 1823.

LA PIE VOLEUSE

Opéra en 3 actes

CASTIL BLAZE, D'AUBIGNY. — ROSSINI.

Philippe . . . . . . Ténor léger.
Ferdinand . . . . . Basse chantante.
Le Bailli . . . . . . Baryton d'opéra-comique.
Fabrice. . . . . . . Seconde basse.
Jacob. . . . . Second ténor.
Claudine . . . . . . Chant. lég. ou f. chant. (Falcon)
Ninette. . . . . . . Dugazon.
Petit Jacques. . . . Seconde dugazon.

Théâtre de la Scala, à Milan, 5 avril 1817.
Odéon, 2 avril 1824.
Lille, 15 octobre 1822.
Théâtre-des-Arts, 7 août 1823.

MOÏSE

Grand-opéra en 4 actes

BALOCCHI, JOUY. — ROSSINI.

Amenophis . . . . . Fort ténor.
Pharaon . . . . . . Baryton de grand-opéra.
Moïse. . . . . Basse noble.
Eliézer . . . . Second ténor.
Ozиride . . . . Seconde basse.
Ophide . . . . Troisième ténor.
Anaï. . . . . Chanteuse légère ou forte chanteuse (Falcon).
Sinaïde . . . . Chanteuse légère.
Marie. . . . . Dugazon.

Théâtre-San-Carlo, à Naples, 9 mars 1818.
Opéra, 23 mars 1827.

SEMIRAMIS

Grand-opéra en 4 actes

ROSSI, MÉRY. — ROSSINI.

Idrène	Ténor léger ou fort ténor.
Oroës.	Basse noble.
Assur	Basse chantante.
L'Ombre de Ninus .	Seconde basse.
Sémiramis	Forte chanteuse (Falcon).
Arzace	Forte chanteuse (Stoltz)
Azéma	Seconde dugazon.

Théâtre de la Fenice, à Venise, 17 septembre 1823.
Théâtre-Italien, 8 décembre 1825.
Opéra, 4 juillet 1860
Théâtre-des-Arts, décembre 1865 (en italien).

LE SIÈGE DE CORINTHE

Opéra en 3 actes et 5 tableaux

BALOCCHI, SOUMET. — ROSSINI.

Néoclès.	Fort ténor.
Cléomène.	Ténor léger.
Mahomet.	Basse noble.
Omar.	Baryton de grand-opéra.
Hieros	Basse chantante.
Adraste	Troisième ténor.
Pamira	Forte chanteuse (Falcon).
Ismène.	Seconde dugazon.

Opéra, 9 octobre 1826.
Théâtre-des-Arts, 2 avril 1827.

LE COMTE ORY

Grand-opéra en 2 actes

SCRIBE, DELESTRE-POIRSON. — ROSSINI.

Le Comte. . . . . . Ténor léger.
Raimbaud. . . . . . Basse chantante.
Le Gouverneur . . . Basse noble.
La Comtesse. . . . . Chanteuse légère.
Isolier . . . . Dugazon.
Alice. . . . . Seconde dugazon.
Ragonde . . . . Duègne.

Opéra, 28 avril 1828.
Théâtre-des-Arts, 28 décembre 1829.

GUILLAUME TELL

Grand-opéra en 4 actes et 5 tableaux

JOUY, H. BIS. — ROSSINI.

Arnold . . . . Fort ténor.
Guillaume Tell . . . Baryton de grand-opéra.
Walter. . . . . Basse noble.
Gessler. . . . . Basse chantante.
Ruodi (le pêcheur) . . Second ténor.
Melcthal. . . . . . . Seconde basse.
Leuthold . . . . Troisième basse.
Rodolphe. . . . . . . Troisième ténor
Mathilde . . . . Chanteuse légère.
Jemmy. . . . . Dugazon.
Edwige. . . . . Mère dugazon, duègne ou forte chanteuse (Stoltz).

Opéra, 3 août 1829.
Théâtre-des-Arts, 18 avril 1833.

ROBERT BRUCE

Opéra en 3 actes

ROYER, VAEZ. — ROSSINI.

Arthur	**Ténor léger.**
Robert Bruce	**Baryton de grand-opéra.**
Douglas	**Basse chantante.**
Edouard	**Seconde basse.**
Marie	**Forte chanteuse (Stolz).**

Opéra, 30 décembre 1846.

LE DEVIN DE VILLAGE

Opéra pastoral en 1 acte.

J.-J. ROUSSEAU. — J.-J. ROUSSEAU.

Colin	**Second ténor.**
Le Devin	**Basse chantante.**
Colette	**Dugazon.**

Fontainebleau, 18 octobre 1752.

Théâtre-des-Arts, 22 mars 1786.

ŒDIPE A COLONE

Opéra en 3 actes

GUILLARD. — SACCHINI.

Polynice	Fort ténor.
Œdipe	Basse noble.
Thésée	Basse chantante.
Antigone	Forte chanteuse (Falcon)
Eriphile	Dugazon.

Versailles, 4 janvier 1786.

Opéra, 1er février 1787.

Théâtre-des-Arts, 7 juillet 1792.

ETIENNE MARCEL

Grand-opéra en 4 actes et 6 tableaux

LOUIS GALLET. — C. SAINT-SAENS.

Etienne Marcel . . .	Baryton de grand-opéra.
Robert de Loris. . .	Fort ténor.
Jehan Maillard . . .	Basse noble.
Eustache	Baryton d'opéra-comique.
R. de Clermont . . .	Basse chantante.
Evêque de Laon. . .	Seconde basse.
Béatrix Marcel . . .	Forte chanteuse (Falcon).
Le Dauphin.	Forte chanteuse (Stolz).
Marguerite	Duègne.

Théâtre de Lyon, 8 février 1879.

Théâtre-des-Arts, 26 mars 1885.

HENRI VIII

Opéra en 4 actes et 6 tableaux

DETROYAT, SILVESTRE. — SAINT-SAENS.

Henri VIII.	Baryton de grand-opéra.
Dom Gomez	Fort ténor ou ténor léger.
Le Légat.	Basse noble.
Norfolk	Basse chantante.
L'Arc. de Cantorbery	Seconde basse.
Surrey.	Troisième ténor.
Catherine d'Aragon.	Forte chanteuse (Falcon)
Anne de Boleyn . .	Forte chanteuse (Stolz).

Opéra, 5 mars 1883.

GIL-BLAS

Opéra-comique en 5 actes

CARRÉ, BARBIER. — SEMET.

Zapata.	Baryton d'opéra-comique.
Sangrado.	Basse chantante.
Cléophas	Second ténor.
Quinola	Trial.
Vincent	Laruette.
Rolando	Seconde basse.
Nunez	Troisième ténor.
Chinchilla	Troisième basse.
Domingo	Mime.
Gil-Blas	Chanteuse légère.
Aurore.	Chanteuse légère.
Laure	Dugazon.
Florimonde.	Seconde dugazon.
Léonarde.	Duègne.
Perrette	Troisième dugazon.

Théâtre-Lyrique, 24 mars 1860.

Théâtre-des-Arts, 29 janvier 1862.

LA VESTALE

Opéra en 3 actes

JOUY. — SPONTINI.

Licinius . . . . . . Ténor léger.
Cinna . . . . Baryton de grand-opéra.
Le grand Prêtre . . Basse noble.
Julia. . . . . Forte chanteuse (Falcon).
La grande Vestale . Forte chanteuse (Stolz).

Opéra, 11 décembre 1807.

Théâtre-des-Arts, 6 mars 1809.

FERNAND - CORTEZ

Opéra en 3 actes

JOUY, ESMÉNARD. — SPONTINI.

Fernand Cortez. . . Ténor léger.
Télasco. . . . . . . Baryton de grand opéra.
Alvar . . . . Second ténor.
Le grand Prêtre . . Basse noble.
Moralès . . . . . . Seconde basse.
Amazili . . . . . . Forte chanteuse (Falcon).
1re suivante . . . . Seconde dugazon.
2me suivante . . . . Troisième dugazon.

Opéra, 28 novembre 1809.

Théâtre-des-Arts, 6 octobre 1818.

MINA

Opéra-comique en 3 actes

PLANARD. — AMBROISE THOMAS.

Opéra-Comique, 10 octobre 1843.

LE CAÏD

Opéra-bouffe en 2 actes.

SAUVAGE. — AMBROISE THOMAS.

Biroteau	Ténor léger ou second ténor.
Michel	Basse chant. ou baryton d'op.-c.
Ali-Bajou.	Trial.
Aboulifar.	Seconde basse.
Virginie	Chanteuse légère.
Fatma	Dugazon.

Opéra-Comique, 3 janvier 1849.
Théâtre-des-Arts, 8 février 1850.

LE SONGE D'UNE NUIT D'ÉTÉ

Opéra-comique en 3 actes

ROSIER, LEUVEN. — AMBROISE THOMAS.

Shakespeare	Ténor léger.
Falstaff.	Basse chantante.
Latimer.	Second ténor.
Jeremy.	Seconde basse.
Elisabeth	Chanteuse légère.
Olivia.	Dugazon.

Opéra-Comique, 20 avril 1850.
Théâtre-des-Arts, 30 janvier 1851.

PSYCHÉ

Opéra en 4 actes.

BARBIER, CARRÉ. — AMBROISE THOMAS.

Mercure	Baryton d'op.-com. ou basse ch.
Le Roi.	Seconde basse.
Le Berger	Second ténor.
Psyché.	Chanteuse légère.
Eros	Forte chanteuse (Stolz).
Bérénice	Duègne.
Daphné.	Seconde dugazon.

Opéra-Comique, 26 janvier 1857.

MIGNON

Opéra-comique en 3 actes et 5 tableaux

CARRÉ, BARBIER. — AMBROISE THOMAS.

Wilhelm.	Ténor léger.
Lothario	Basse chantante.
Laërte	Second ténor.
Jarno.	Seconde basse.
Frédéric	Trial ou seconde dugazon.
Mignon.	Dugazon (Galli-Marié).
Philine.	Chanteuse légère.

Opéra-Comique, 17 novembre 1866.

Théâtre-des-Arts, décembre 1868.

HAMLET

Grand-opéra en 5 actes

CARRÉ, BARBIER. — AMBROISE THOMAS.

Hamlet.	Baryton de grand-opéra.
Le roi Claudius. . .	Basse noble.
L'Ombre	Basse chantante.
Laërte	Ténor léger ou second ténor.
Polonius	Seconde basse.
Marcellus.	Troisième ténor.
Horatio.	Seconde basse.
Deux Fossoyeurs . .	Seconde basse, troisième ténor.
Ophélie.	Chanteuse légère.
La Reine	Forte chanteuse (Stolz).

Opéra, 9 mars 1868.

Théâtre-des-Arts, 29 mars 1876.

GILLE ET GILLOTIN

Opéra-comique en 1 acte

SAUVAGE. — AMBROISE THOMAS.

Gille	Baryton d'opéra-comique.
Brisacier.	Basse chantante.
Roquentin	Seconde basse.
Jacquette.	Chanteuse légère.
Gillotin.	Dugazon.
Rosaure	Seconde dugazon.

Opéra-Comique, 22 avril 1874.

FRANÇOISE DE RIMINI

Grand-opéra en 4 actes, avec prologue et épilogue.

BARBIER, CARRÉ. — AMBROISE THOMAS.

Paolo . . . . Fort ténor.
Malatesta. . . . . . . Baryton de grand-opéra.
Dante . . . . Basse noble.
Guido de Palenta. . Basse chantante.
Virgile. . . . . F. chant. (Stoltz) ou baryt. d'op.-c.
Francesca . . . . . Forte chanteuse (Falcon).
Ascanio . . . . Forte chanteuse (Stolz).

Opéra, 11 avril 1882.

Théâtre-des-Arts, 26 avril 1884.

ERNANI

Grand-opéra en 4 actes

— VERDI.

Ernani. . . . . Fort ténor.
Charles-Quint. . . . Baryton de grand-opéra.
Ruy-Gomez. . . . . Basse noble.
Ricardo . . . . Second ténor.
Iago . . . . Seconde basse.
Elvire . . . . Forte chanteuse (Falcon).
Giovana . . . . Chanteuse légère.

Venise, 12 mars 1844.

Italiens, 6 janvier 1846.

Théâtre-des-Arts, 8 avril 1863.

JÉRUSALEM

Grand-opéra en 4 actes

ROYER, WAEZ. — VERDI.

Gaston de Béarn . .	Fort ténor.
Roger	Basse noble.
Le comte de Toulouse	Baryton de grand-opéra.
Le Légat	Basse chantante.
L'Emir de Ramla . .	Seconde basse.
L'écuyer	Second ténor.
Hélène	Chant. lég. ou forte ch. (Falcon).
Isaure	Dugazon.

Opéra, 26 novembre 1847.
Théâtre-des-Arts, 11 novembre 1851.
Italiens. 10 janvier 1863.

RIGOLETTO

Grand-opéra en 4 actes

PIAVE. — VERDI.

Rigoletto.	Baryton de grand-opéra.
Le duc de Mantoue .	Ténor léger ou fort ténor.
Sparafucile	Basse noble.
Le comte Monterone.	Basse chantante ou seconde basse.
Gilda.	Chant. lég. ou forte ch. (Falcon).
Madeleine.	Forte chanteuse (Stolz).
Joanna.	Duègne.

Venise, 12 mars 1851.
Théâtre-Italien, 19 janvier 1857.
Théâtre-Lyrique, 24 décembre 1863.
Théâtre-des-Arts, 13 mai 1861.
Opéra, 1885.

LE TROUVÈRE

Grand-opéra en 4 actes

PACINI. — VERDI.

Manrique	Fort ténor.
Le comte de Luna . .	Baryton de grand-opéra.
Fernand	Basse noble.
Ruiz	Troisième ténor.
Léonore	Forte chanteuse (Falcon).
Azucéna	Forte chanteuse (Stolz).
Inès	Seconde dugazon.

Théâtre-Apollo, à Rome, 17 janvier 1853.
Théâtre-Italien, 23 décembre 1854.
Opéra, 12 janvier 1857.
Théâtre-des-Arts, 4 avril 1859.

LE BAL MASQUÉ

Opéra en 4 actes

SOMMA. — VERDI.

Duc d'Olivarès . . .	Fort ténor ou ténor léger.
Renato	Baryton de grand-opéra.
Samuel	Basse chantante.
Tomasso	Seconde basse.
Adélia	Forte chanteuse (Falcon).
Ulrica	Forte chanteuse (Stolz).
Le Page	Dugazon.

Théâtre Apollo, à Rome, 1859.
Théâtre-Italien, 13 janvier 1861.

VIOLETTA

Opéra en 4 actes

DUPREZ. — VERDI.

Rodolphe d'Orbel . . Ténor léger.
G. d'Orbel. . . . . . Baryton de gr.-op. ou d'op.-com.
Le docteur Germont. Basse chantante.
Le Baron. . . . . . Seconde basse.
Emile de Létorière . Second ténor.
Violetta. . . . . . . Chanteuse légère.
Clara. . . . . Dugazon.
Anette . . . . Seconde dugazon.

Venise, mars 1853.
Théâtre-Italien, 6 décembre 1856.
Cie Italienne, 30 août 1864.
Théâtre-Lyrique, 27 octobre 1864.
Italiens, 15 décembre 1865.
Théâtre-des-Arts, 5 avril 1869.

DON CARLOS

Grand-opéra en 5 actes

DU LOCLE. — VERDI.

Philippe II . . . . . Basse chantante.
Don Carlos. . . . . Fort ténor.
Marquis de Posa . . Baryton de grand-opéra.
Le gr. Inquisiteur . Basse noble.
Un Moine. . . . . . Seconde basse.
Elisabeth de Valois. Forte chanteuse (Falcon).
Princesse Epoli. . . Forte chanteuse (Stolz).
Un Page. . . . . . Dugazon.

Opéra, 11 mars 1867.

AÏDA

Grand - opéra en 4 actes et 7 tableaux

DU LOCLE, NUITTER. — VERDI.

Radamès . . . . . . Fort ténor.
Amonasro . . . . . Baryton de grand-opéra.
Ramfis . . . . Basse noble.
Le Roi . . . . . . Basse chantante.
Aïda . . . . Forte chanteuse (Falcon).
Amnéris . . . . . . Forte chanteuse (Stolz).

Théâtre du Caire, 24 décembre 1871.
Opéra, 22 mars 1880.
Théâtre-des-Arts, 5 février 1884.

ROBIN-DES-BOIS

(FREYSCHUTZ)

Opéra en 3 actes et 4 tableaux

CASTIL BLAZE, SAUVAGE. — WEBER.

Max . . . . Fort ténor ou ténor léger.
Gaspard . . . . . . Basse chantante.
Kilian . . . . Baryton de grand-opéra.
Konno . . . . Baryton d'op.-com. ou sec. basse
Ottokar . . . . . . Troisième ténor.
Samiel . . . . Seconde basse.
L'Ermite . . . . . . Troisième basse.
Agathe . . . . Forte chanteuse (Falcon).
Annette . . . . . Chanteuse légère.

Théâtre de Dresde, 15 mars 1819.
Odéon, 7 décembre 1824.
Théâtre-des-Arts, 19 août 1825.
Opéra-Comique, 15 janvier 1835.
Théâtre-Lyrique, 24 janvier 1855.

OBÉRON

Opéra en 3 actes

WIELAND. — WEBER.

Obéron	Ténor léger.
Huon de Bordeaux .	Fort ténor.
Schérasmin	Baryton d'opéra-comique.
Sadack	Basse chantante ou sec. basse.
Aboulifar	Trial.
Rezia	Chanteuse légère.
Fatime	Dugazon.
Puck	Dugazon (Galli-Marié).

Théâtre de Covent-Garden, 12 avril 1826.

Théâtre allemand, à Paris, 7 novembre 1830.

Théâtre-Lyrique, 27 février 1857.

INDEX DES COMPOSITEURS

TABLE ALPHABETIQUE

ADDITIONS ET ERRATA

GIRALDA (Adam). — Lire : Don Japhet, second ténor ou laruette.

LE MAÇON (Auber). — Lire : Léon de Mérinville, ténor léger ; Roger, second ténor.

LA MUETTE DE PORTICI (Auber). — Lire : Borella, seconde basse ; Selva, troisième basse.

LES DIAMANTS DE LA COURONNE (Auber).— Lire : Mugnoz, troisième ténor.

LA PART DU DIABLE (Auber). — Lire : Gil-Vargas, laruette ; fra-Antonio, seconde basse.

GUSTAVE III (Auber). — Lire : Warting, au lieu de : Ribbing.

LA BOHÉMIENNE (Balfe). — La distribution doit être complétée comme suit :

Narcisse,	second ténor.
Trousse-Diable,	seconde basse.
Martha,	duègne (pers. muet).

LA SOMNAMBULE (Bellini). — Lire : Amine, au lieu de : Aline.

LES PURITAINS (Bellini). — La distribution doit être complétée comme suit :

Henriette de France, chanteuse légère.

Aline, reine de Golconde (Berton).

Distribution

Saint-Phar, ténor léger.
Usbeck, basse chantante.
Sigiskar, baryton d'opéra-comique.
Osmin, second ténor.
Bradahaire, laruette.
Aline, dugazon (Galli-Marié).
Zélie, chanteuse légère.

Carmen (Bizet). — Lire : Mercédès, mère dugazon, duègne ou forte chanteuse (Stolz).

Jean de Paris (Boïeldieu). — Lire : Jean de Paris, ténor léger (1re haute-contre) ; Olivier, second ténor ou chanteuse légère ; Pedrigo, laruette ou second ténor ; le Grand-Sénéchal, baryton d'opéra-comique (Martin).

Le nouveau Seigneur de village (Boïeldieu). — Lire : Le marquis de Formann, ténor léger (1re haute-contre).

Ce rôle à l'Opéra-Comique a été chanté par une basse chantante.

A la représentation donnée à Rouen, à l'occasion du centenaire de Boïeldieu, le rôle était tenu par *M. Neveu (basse chantante).*

Le Petit Chaperon rouge (Boïeldieu).

Le rôle de l'Ermite de la forêt a été souvent confié à la basse chantante et celui d'Edmond à la seconde basse. Le rôle de Berthe appartient plutôt à la mère dugazon qu'à la seconde dugazon.

Le Mariage secret (Cimarosa). — Lire : Robinson, baryton d'opéra-comique ou seconde basse.

Le rôle a été écrit pour une basse-bouffe. Joué en deux actes pendant plus de soixante-dix ans, le Mariage secret a été réellement adapté à la scène française par MM. Moras et Santallier et joué pour la première fois en quatre actes sur le Grand-Théâtre du Havre le 17 février 1862.

Distribution (Havre)

Paul,	ténor léger.
Le comte Robinson,	baryton d'opéra-com.
Jérôme,	basse chantante.
Caroline,	chanteuse légère.
Elise,	dugazon.
Fidalme,	forte chanteuse (Stolz).

Ce dernier rôle a été chanté au Théâtre-Italien par Mme Alboni.

Les Noces de Figaro (Mozart), le Mariage secret (Cimarosa), et le Barbier de Séville (Rossini), sont les trois chefs-d'œuvre du genre.

La Perle du Brésil (Félicien David). — Lire : 22 novembre 1851, Opéra-National ; 10 mars 1858, Théâtre-Lyrique.

Lalla-Roukh (Félicien David). — Lire : Mirza, au lieu de : Nierza.

Sapho (Gounod). — Réduit à deux actes, cet opéra a été joué le 26 juillet 1858 à l'Opéra.

Philémon et Baucis (Gounod). — 23 février 1878. (Théâtre-Lafayette).

La Reine de Saba. — Lire : opéra en 4 actes.

L'Africaine (Meyerbeer). — Lire : le Grand-Brahmine.

Dans les Nuages, opéra-comique en 1 acte, de Rostaing et Mignard. — Musique de Le Rey.

Distribution

Des Gélinottes,	ténor léger.
La Grimaudière,	baryton d'opéra-comique ou basse chantante.
Rosa,	dugazon.

Théâtre-des-Arts, 26 décembre 1885.

L'Italienne a Alger (Rossini). — Lire : Neli.

www.ingramcontent.com/pod-product-compliance
Lightning Source LLC
Chambersburg PA
CBHW050011100426
42739CB00011B/2592

* 9 7 8 2 0 1 2 7 3 0 2 2 9 *